Steffen Kopetzky

Eine uneigentliche Reise

Handenzyklopädie der Grundprobleme
Europas
am Ende des 20. Jahrhunderts

Roman

Verlag Volk & Welt
Berlin

Die Deutsche Bibliothek – CIP-Einheitsaufnahme

Kopetzky, Steffen:
Eine uneigentliche Reise : Handenzyklopädie der Grundprobleme Europas am Ende des 20. Jahrhunderts /
Steffen Kopetzky . Berlin : Verl. Volk und Welt, 1997
ISBN 3-353-01087-4

2. Auflage 1997

Schutzumschlag: Lothar Reher
Gesetzt aus der Conchin, Linotype
Satz: deutsch-türkischer fotosatz, Berlin
Druck und Bindearbeiten: Wiener Verlag, Himberg
Printed in Austria
ISBN 3-353-01087-4

Für
Tobias Rosefeldt

Die Abschweifung oder Warum meine Liebe zu Neapel in Berlin immer am größten ist

Ein Tatsachenbericht

»Denn der Ursprung aller Dinge ist das, wodurch, woraus und worin alles aus einem Ursprung Entspringbare entspringt. Dennoch ist der Ursprung durch kein Entsprungenes erreichbar.(...) Er ist das, durch welches, in welchem und aus welchem alles Begrenzbare begrenzt und alles Endliche beendet wird und das doch nicht durch eine Grenze begrenzt und durch ein Ende beendet werden kann.«

Nikolaus von Cues, Idiota de sapientia

Ich kann mir denken, daß diese Tatsache ungeheuerlich wirken muß. Aber ungelogen: es ist wirklich so, daß ich zum Beispiel am Bahnhof Zoo aussteige, wobei mir die Schweißtropfen der Nervosität herunterlaufen, weil ich nun doch wieder nach Berlin gefahren bin, obwohl ich gerade in Berlin stets den entsetzlichsten Peinlichkeiten und Enttäuschungen ausgesetzt war, und auf der Stelle anfange zu bemerken, wie groß und unauslöschbar meine Liebe zu Neapel ist.

Ich steige aus dem Zug, der mich von München nach Berlin gebracht hat, wo ich wieder einmal in der karg möblierten Schöneberger Wohnung eines lieben alten Freundes wohnen werde – wieder einmal Berlin, obwohl ich mir jedesmal, wenn ich Berlin verlasse, wenn ich meinen Fuß auf das Trittbrett des Zuges setze, der mich von Berlin fortbringen wird, schwöre, nie wieder nach Berlin zu fahren –, steige also, überaus nervös aus dem Zug und warte auf C., die versprochen hatte, mich abzuholen: die während eines kürzeren Aufenthalts in Madrid – zumindest von meiner Seite immer wieder auch zärtliche Freundschaft zwischen dieser jungen Frau und mir, die tiefe Zuneigung, die uns seit den Tagen in der Kunstlandschaft des zart dunstigen El Retiro verbindet, wo wir über Rasenflächen liefen und in Gehölzen uns neckten, hatte nämlich, gerade aufgrund der

Tiefe und Zärtlichkeit, mit der wir uns seitdem zugetan sind, eine Begegnung in Berlin, wo sie mittlerweile lebt, immer wieder unmöglich gemacht. Denn wie kann man sich, ohne großen Aufwand zu treiben, mit einem Menschen, den man sehr schätzt, einfach so irgendwo verabreden, um die Verabredung dann auch einzuhalten? Muß die Größe einer – in alle wünschenswerten und denkbaren zwischenmenschlichen Richtungen offenen – Freundschaft nicht durch den Aufwand, den man treibt, um ihr auch in der Fremde den Raum eines Nachmittags oder Abends zu bereiten, gefeiert werden? Also verabredeten wir uns telefonisch immer wieder mit jener kosmopolitischen Kaltblütigkeit, die nicht davor zurückschreckt, etwa am Dienstag den vorletzten Wagen der zweiten S-Bahn nach 18 Uhr Richtung Wannsee, die vom Zoo abgeht, als Treffpunkt zu vereinbaren; oder mit dem Arrangement verbleibt, daß sich der eine vielleicht freitags am frühen Abend in einem bestimmten Café in der Lietzenburger Straße, dessen Name einem gerade nicht einfällt, das sich aber schräg gegenüber einem Metallwarengeschäft befindet, aufhalten wird, und wenn nicht, so solle man bis 22.15 Uhr eine Nachricht auf dem Anrufbeantworter hinterlassen, die er aus der Stadt abhören würde, und man könnte sich dann um 23 Uhr in einem Kino treffen, aber nur wenn ein bestimmter Film im Original mit

Untertiteln laufe, was man einer Programmzeitschrift entnehmen müsse, die man leicht überall kaufen könne. Als C. mich, weil es eben viel zu einfach gedacht war und die Komplexität der Welt allen Vereinfachungen mit Hohn begegnet, am Bahnhof abholen sollte, kam sie nicht. Ich stand am Bahnhof der in Berlin so treffend Fernbahn genannten, von den Schatten der kykladisch-zerklüfteten, schroff-felsigen Großstadt umschlichen und umlauert, die um das Geld bitten, das ich nicht habe, weil es zum einen für das Ticket der Fernfährbahnverbindung nach Berlin draufging, zum anderen in Münzform bei der Durchsuchung der Taschen nach Zigaretten aus Versehen auf den Boden gefallen ist, und wartete eine knappe halbe Stunde, in der ich mich mit Vergnügen daran erinnerte, wie ich einen Tag nach meiner ersten Ankunft in Neapel vergeblich auf M. gewartet hatte, eine wunderbare junge Neapolitanerin, die mich einmal in der Universität in München angesprochen hatte, weil sie mich fälschlich für einen Dozenten hielt und wissen wollte, wann und in welchem Raum die Sprechstunde eines bestimmten anderen Dozenten stattfinde. Zwar wußte ich keinen Rat, lud sie aber zu einem Kaffee ein, der unsere Bekanntschaft verfestigen sollte. Ihrer späteren herzlichen Gegeneinladung folgend, sie doch einmal in Neapel zu besuchen, stand ich schließlich hilflos im Regen;

den Abend zuvor, den Abend meiner Ankunft, hatte ich anfangs mit einer jungen Frau aus der Schweiz verbracht, nicht ohne Sympathie, aber irgendwie, so merkwürdig das vielleicht klingt, war diese offensichtlich nicht groß genug, um ein gegenseitiges Abschweifen ohne Aufeinanderzurückkommen, das sich auf einer belebten sogenannten Piazza ereignete, zu verhindern – so wählte ich, ansonsten nur noch vor die Wahl einer Fähre nach Spanien gestellt, die Nummer meiner neapolitanischen Bekannten. Eben dort, wo wir uns am nächsten Vormittag verabredet hatten, regnete es, und nicht ohne eine gewisse Eifersucht sah ich, daß jeder vorbeilaufende Neapolitaner mit einem Schirm ausgestattet war, obwohl es hier – im Gegensatz zu den gerade deshalb von mir verlassenen mittleren Breiten des europäischen Kontinents – eigentlich nie regnet: Ich vermute, daß das Schirmgeschäft in Neapel – von den fliegenden Händlern, den gleichmütig wartenden Schwarzen betrieben – nach Einbruch der Dunkelheit oder in verschämter Windeseile besorgt wird; denn obgleich ich noch nicht einen einzigen dieser ausgeglichenen Afrikaner nur ein einziges Mal irgendein Geschäft abwickeln und noch keinen einzigen Neapolitaner mit einem vorsorglich mitgenommenen und aktuell nicht benötigten, also zugeklappten Schirm sah, führen plötzlich alle Schirme mit sich, so als befände man sich in einem phantasmagorischen Dublin: wo – in Dublin – übrigens in Wirklichkeit, vielleicht aufgrund eines bestimmten eingeborenen Trotzes der Iren, jedermann gleichmütig in der fallenden Flüssigkeit ausharrt, herumgeht und naß wird, ohne an das naheliegende Aufspannen eines Schirms auch nur zu denken; in Dublin, wohin ich einige Zeit zuvor einen wertvollen italienischen Schirm, einen echten Borsalino, unter einigen Umständen und Mühen während der Reise – ich fuhr mit Hilfe eines Trampertickets per Zug nach Irland, und zwar, das entsprach der ökonomisch ausgefeilten Strategie meines Reisebegleiters, in einer Route über Salzburg, Zürich, Basel und Paris – mitgenommen hatte, fiel ich wegen des Regenschutzes als Ausländer auf. Diesen Schirm habe ich übrigens, nachdem ich dort einmal vergeblich auf den Anruf einer Bekannten gewartet hatte, irgendwann in einer Pariser Vorstadt bei einer algerischen Germanistikstudentin, die eigentlich zum Film wollte, vergessen. Ihre Adresse lautete Rue Rimbaud, so daß mir seitdem die rätselhaften Gedichte des Franzosen immer den Eindruck heimlich in Stehendes eindringender, sickernder Flüssigkeiten machen.

Ich wartete beregnet, und dieser Mann sprach mich auf neapolitanisch an, das ich mit keinem Wort verstehe: er wies mich darauf hin, daß er und ich weithin die einzigen ohne

Schirm seien, also eine Art von Helden, was er mir schließlich auf französisch auseinandersetzte, obgleich unter Mühen, denn der Mann sprach die französischen Worte italienisch aus, was es mir schwer, eigentlich unmöglich machte, ihm zu folgen, am Ende fragte er mich, ob ich denke, daß er gut oder schlecht (mouväs) Französisch spräche – ich versuchte auszuweichen, indem ich behauptete, daß ich selbst froh (bien heureux) wäre, würde ich so passabel Italienisch sprechen wie er Französisch. Er beäugte mich etwas mißtrauisch, vermutlich weil er mein Französisch nicht recht verstehen konnte: Ungefähr drei Wochen später sollte ich im Nachtzug Puerta del Sol von Madrid nach Paris eine Französin, die vorgab, spanisch zu sprechen, wobei sie aber so eklatant alles französisch aussprach, daß es klang, als wäre sie eine Frau aus der Provence, die versucht, mit einem Pariser Akzent zu sprechen, sich mit einem Madrider unterhalten hören, dessen Französisch vice versa mit eindeutig spanischer Diktion versehen war; soweit ich verstand, unterhielten sie sich über die Verwandtschaften der beiden Sprachen, die es einem leichtmachten, sich zu verständigen. Meine Reiseerfahrung zeigt mir übrigens, daß unter Menschen, die die Reise zufällig zusammenwürfelt, das meistgebrauchte Thema, neben dem der Route, die Sprachen sind, die man, warum man, wie man sie spricht – wann und in welchen Wechselfällen und Umständen der Stationen, Aufenthalte und Richtungen … Übrigens, dies aber nur nebenbei und um zurückzufinden zu meinem Thema, traf ich in diesem Zug eine blutjunge Argentinierin, wegen deren Großvater – italienischer Emigrant und ein Mann von tiefer Verachtung für die Zustände in seinem Heimatland – die Familie nach einer Generation in den Genuß der doppelten Staatsbürgerschaft gekommen war; vor kurzem waren sie allesamt, als Italiener ohne Schwierigkeiten, nach Paris gezogen – allerdings sprachen sie weder Italienisch (was zu kleineren Problemen auf der römischen Botschaft geführt habe) noch Französisch, sondern nur Argentinisch; wir unterhielten uns dann über die Unterschiede zwischen meinem gelernten Kastilianisch und ihrem muttersprachlichen Argentinisch, allerdings fiel ich ständig ins Französische zurück – ich hatte zuvor in meinem Abteil eine intensiv auf mich einsprechende französische Schriftstellerin kennengelernt. Sie fragte mich auf den Kopf zu, ob ich Jude sei, und späterhin, nachdem die drei mitreisenden Frauen asiatischer Herkunft die Gesichter verzogen, als sie ihr exzessives, durch heftiges und unvermitteltes Rauchen begleitetes Weintrinken begann, behauptete sie, es seien Eskimofrauen, denn die Eskimos könnten Rauch nicht ertragen; es waren aber, wie man an den Pässen sehen konnte, Japaner, die bekanntlich zu den rauchfreudigsten Völkern überhaupt gezählt werden. Diese Schriftstellerin versicherte mir, ihr sei Europa zu voll, zu stickig und durch die Zerstreuung der lebendigen Kräfte, überhaupt dem Untergang geweiht: sie werde nach Afrika gehen und ein Leben im Sinne ihres kolonialen Großvaters führen, für den Europa von jeher ein längst verkommener toter Kontinent gewesen sei, aus dem die besten Geister auszögen, um wenigstens ihn – den Geist, an dem sie partizipierten – zu retten, wenn denn seine, des Geistes, Brutstätte schon modrig durchgärt und verloren sei …

Denn offensichtlich rasen wir auf die Apokalypse zu; dieser erstaunlicherweise auf Europa beschränkten Endzeit kann man nur entgehen, indem man sich verwechseln läßt; es ist bereits schon wieder unmöglich geworden, gleichsam existentialistisch sich gegenseitig zu etwas Neuem zu machen, sich also zu schaffen – dieser Zug ist endgültig abgefahren; statt dessen herrscht die große, die universale Verwechslung. Man wechselt den Ort, wird an den verschiedenen Orten je verwechselt, zugleich verwechselt man selbst die anderen und – ist gerettet. Man könnte folgern, daß die universale Verwechslung mit dem Phänomen der Abschweifung zusammenhängt; früher habe ich mich, den Vorbildern gemäß, daran geübt, Lyrik zu destruieren, die letzten sanftwehenden Ahnungen der Metaphysik in meinem Denken auszumerzen, bis ich eines Nachts, es war bei der Lektüre eines für diesen Zerstörungszusammenhang wichtigen Buches von Jacques Derrida, auf einen Schlag bemerkte, daß ich mit meinen Gedanken in Wahrheit nicht bei der Schrift, sondern bei einem alten, sehr vornehm gekleideten Araber war, dem ich am Abend eines hitzeträchtigen Tages auf der Herrentoilette eines Cafés in der Rue Poissoniere in Paris begegnet war, wo er, ohne die sonst üblichen Umstände einer solchen Örtlichkeit, auf seinen Stock gestützt, abzuwarten schien. Und in meinem Fall schien er geradezu auf mich gewartet zu haben, denn kaum hatte ich den gefliesten Tempel des Gehens der Materie betreten, begrüßte er mich, ohne sich an meinem wahrscheinlich peinlichen Gesichtsausdruck zu stören, und erzählte mir zunächst, obwohl ich ihm notwendigerweise den Rücken zugekehrt hielt, daß die Straßen von Paris aufgrund der vielen Ausländer so unsicher geworden seien, daß man alleine überhaupt nicht mehr aus dem Haus gehen könne, ohne von verdächtigem Gelichter angesprochen zu werden; letzte Woche zum Beispiel, fuhr er unvermittelt in seinem, von der arabischen Kehligkeit durchzogenen Französisch fort, habe er mit einem kleinen Chinesen geschlafen. Überhaupt seien die Asiaten die willfährigsten, willigsten und billigsten. Ich verließ mit vorgetäuscher Indifferenz, nicht ohne einen guten Abend gewünscht zu haben, die Toilette, der Araber folgte mir, sich den fetten Nacken gelegentlich mit seinem Taschentuch auswischend – allerdings stellte es, das muß ich ihm zugute halten, aufgrund seiner Gehbehinderung keine Schwierigkeit dar, ihn in kurzer Zeit abzuschütteln und der wimmelnden, vielsprachigen Menge auf dem Boulevard zu überlassen, in der ihm der Raubmörder vielleicht schon auf derjenigen Spur war, die er hinterließ, indem er meiner zu folgen versuchte.

Wohin man seinen Schritt in Europa heute setzt, benagen die Wellen des Untergangs den Strand der Gegenwart und ersticken den Wind aufkeimender möglicher Hoffnung, wir könnten vielleicht doch nicht gemeint sein, sondern Andere. Das ist das große Hoffen in Wahrheit edler Leute Kind zu sein; die Anderen wären Urwaldmenschen oder gar Affen, man selbst aber ein versehentlich unter eben diese geratener englischer Lord, mit schon reserviertem Sitz im Oberhaus. Die Zeitgenossen kommen einem händeringend entgegen, berichten atemlos, sogar Theaterstücke werden geschrieben, und kaum daß man sich selbst irgendwo befindet, wäre man lieber irgendwo anders. Während alle anderen bleiben, wo sie sind, und dem Ende entgegensehen, dem ich – um die Wahrheit zu sagen – einfach nicht ins Auge blicken kann. Kaum der Katastrophe in der einen Stadt durch meine Anwesenheit in ihr ausgeliefert, wünsche ich, den entsetzlichen Zuständen in einer anderen gegenüberzustehen. Wenn es etwas gibt, das das Abendland vor dem Untergang, an dem allerdings, wie ich versichere, nicht zu rütteln ist, retten könnte, dann nur die Entdeckung der Zerstreutheit als spekulatives metaphysisches Prinzip, das sich in der Wirklichkeit der Verwechslung objektiviert. Zwar sind die Menschen schon alle zerstreut wie die Asche der verbrannten Ketzer des Mittelalters in die metaphorischen Winde, nach denen sich heutzutage mancher sehnt. Noch aber steht das Sich-selbst-bewußt-Werden des zerstreuten und abschweifenden Geistes in seiner Gänze aus. Unmöglich, diesen Tatbeständen ausweichen zu wollen, wenn sie doch gerade im ständigen Ausweichen bestehen, im Versäumen und dem Unterlassen, sich mit ihnen zu beschäftigen. Was uns alle retten könnte – obwohl an Rettung nicht zu denken ist –, wäre das emphatische Ablassen von der Emphase, das heldenhafte und letztlich tragische Ja zur eigenen Zerstreutheit durch ihre Durchführung. Die dringende Nachlässigkeit. Der unbedingte und kompromißlose Verzicht auf sämtliche Forderungen. Und unter allen Umständen – da es ernst steht um den Kontinent, der katatonisch mit krampfhaft ins Weißliche gedrehten Augen seiner Verwahrlosung und Verwüstung entgegensieht, über die sogar Theaterstücke geschrieben werden –, unter allen Umständen muß auch auf die leiseste Andeutung von Ironie verzichtet werden. Denn die Ironie ist, ihrem innersten Wesen nach, Verflüssigung eines Sachverhalts durch Bestehen auf seiner Form und Übersteigerung seines Gehalts, der aus der Form hinausfließt, um sich zu verlaufen. Doch wie schädlich muß hier der Einfluß der Ironie wirken, wenn die Rettung nur aus ernstgemeinter Diffusion erwachsen kann: Denn was wäre eine Verflüssigung der Verflüssigung anderes als eine Zementierung der Zementierung, also das Ende? Gerade Ironie würde dem apokalyptischen Tier Abbadon die Schlüsselgewalt überlassen, wo doch alles darauf ankommen muß, die Schlüssel irgendwo zerstreut hinzulegen und sie fünf Minuten später nicht mehr zu finden. Wenn man sich mit jemandem unterhält, kann man sich sicher sein, daß er entweder insgeheim etwa über Blumen nachdenkt, deren Versorgung mit Wasser überfällig ist, aber ständig vergessen wird, oder daß man vom Gesprächspartner, sollte er wirklich bei der Sache sein, für einen vollkommen anderen Menschen gehalten wird. Über die Apokalypse, die hereingebrochen ist und vor der uns nichts retten wird, werden Vorträge und Reden gehalten, es werden sogar Theaterstücke geschrieben, in denen das Publikum betroffen sitzt, insgeheim aber darüber nachdenkt, ob dieses bestimmte Lieblingsbuch verloren ist oder nicht doch an die süße Schwedin aus dem 2. Stock weggeliehen wurde, die letzte Woche ausgezogen ist, um eine Stelle als Dolmetscherin in Lissabon anzutreten, oder war es in Leyden? Nichts wird uns retten, das ist kein Geheimnis, außer der Abschweifung. Europa ist an dem Ende angelangt, vor dem uns nur die gegenseitige Verwechslung retten wird, obwohl keine Hoffnung besteht. So unterhielt ich mich einmal am Eingang des Franziskanerklosters von Fiesole in der Nähe von Florenz, in dessen Räumlichkeiten ein Museum über die Missionstätigkeit des Klosters in China und Japan seinen Ort gefunden hatte, sehr angeregt mit einer jungen US-Amerikanerin, Romanistikstudentin auf Studienreise in Europa, über die Perspektiven der zeitgenössischen Kunst, wobei die Sprache sehr rasch auf die Unverwechselbarkeit und Integrität des Leibes kam und ich – um dieser These Unterstützung zu verleihen – öfter und nachhaltig auf den Tod Gottes hinwies. Wahrscheinlich aufgrund einer altersbedingten Sehschwäche wurde unser Gespräch kurz nach seinem Beginn von einem vorbeikommenden alten Mönch unterbrochen, der mich, meine kurzen Haare und den schwarzen geschlossenen Anzug mißdeutend, für einen Kleriker hielt. Erst später, als er mich, Erläuterungen gebend, an den Vitrinen mit chinesischen Schriftrollen und den winzigen Schuhen japanischer Hoffräuleins entlangführte, verstand ich nicht nur, warum er mich vom Gespräch weg in einen kostenlosen und einzigartigen Rundgang durch das Museum komplimentierte, sondern auch den Grund für das angeekelte Gesicht der Amerikanerin, die jedes seiner Worte an mich, im Gegensatz zu mir, verstanden und zuvor vielleicht schon viel von der dekadenten europäischen Geistlichkeit gehört hatte, sich aber doch nie hätte träumen lassen, daß junge Priester – noch dazu junge Priester einer angeblich verstorbenen Gottheit – mit jungen Frauen über Leiblichkeit sprechen und in die Ausführungen über Leiblichkeit Andeutungen über gemeinsame Abendessen einflechten. Als wir am Ende des Rundgangs angekommen waren, war es mir unmöglich, den alten Franziskaner zu enttäuschen, und ich gab auf seine Frage nach meinem Status an, ich sei Jesuit in München – was er übrigens nicht so freundlich aufnahm, wie ich es mir, immerhin hatte ich mir durch seine Einladung 2500 Lire gespart und stand in seiner Schuld, gewünscht hätte. Ich glaube sogar, er konnte die Gesellschaft Jesu, deren Mitglieder den Glauben durch ihre Sophistik zugrunde gerichtet haben, nicht ausstehen – was ich ihm wiederum nicht verübeln kann, auch wenn das in diesem Zusammenhang konformistisch klingen mag. Aber so geht es heute, nach dem endgültigen Zusammenbruch der Logik, dem Triumph des Sinnverlusts. Die Menschen unterhalten sich über die Katastrophen der Endzeit, es werden Beschuldigungen aufgestellt, manche schreiben sogar Theaterstücke. Die Rettung, der Zusammenhang, die so dringend benötigten Gewißheiten liegen in der Verwechslung. Mein ganzes Leben ist eine Folge von Verwechslungen durch andere. Als mein älterer Bruder im Krankenhaus lag, hielt mich eine Frau für seinen Sohn, meine Mutter für die Tante des angeblichen Vaters, und zwar aufgrund der, so die Frau, geringen Ähnlichkeit zwischen meiner Mutter und mir; obwohl ich damals noch klein war, erinnere ich mich an das Leuchten in ihren Augen, als sie über die Erstaunlichkeit eines solchen Familienzusammenhalts sprach, während es in Wahrheit so war, daß meine Mutter einkaufen mußte, meinem Bruder kurz Wäsche zum Wechseln vorbeibrachte und ich auf keinen Fall allein zu Hause bleiben durfte.

War Ulrich, Musils Held, ein Mann ohne Eigenschaften, so bin ich ein junger Mann mit einer überschäumenden Fülle verschiedener, blitzartig aufleuchtender Qualitäten, von denen mir nichts träumte. Eines Nachts in Schöneberg zum Beispiel suchte ich ein dem Freundeshaus gegenüberliegendes Etablissement auf, um Geld für Zigaretten zu wechseln. In schwankender Uneindeutigkeit, in unmittelbarer Nähe der geschäftsführenden älteren Frau, die ich um den Wechsel anging, stand ein beleibter und durch Getränke stimmungsvoll gewordener Mann – immer noch Gast, aber auch schon wieder mehr als nur Gast; gerade weil er nichts anderes tat, als ein Gast tut: aber dies sozusagen weitaus souveräner, als ein bloßer Gast es je hätte tun können. Gerade durch seine überaus souveräne Wahrnehmung der Gastrolle transzendierte er diese, während er die Frau in lebendigen und immer wieder aperçuhaft hervorbrechenden Schreien unterhielt beziehungsweise derart versuchte, die Frau, die nicht anders als durch mürrische, nonverbale Abwehr reagierte, zu unterhalten. Kaum war ich eingetreten und hatte meine Bitte vorgebracht, erwies der Mann – der sich mir nur kurz danach als Robert vorstellen sollte – seine geistige Geschmeidigkeit, indem er nun auch mich in seinen ironischen Kommentaren als »sauberen Feschak« bedachte. Auffällig hörte ich seinen Wiener Akzent heraus und betonte meinerseits, ich gebe zu aus Opportunismus, denn die Frau weigerte sich, meinen Schein zu wechseln, meinen Münchner Akzent. Der Mann schrie einen Freudenschrei, sah mir ins Gesicht und meinte: »Des daf net wah sein; darf ich raten: Du bist aus'm ersten oder aus der inneren Stadt? Hab ich recht?« Er täuschte sich, aber es war schon zu spät. Mir war es, angesichts seiner Freude, endlich einmal einen Wiener in Berlin getroffen zu haben, peinlich, mich als Münchner zu bekennen, und ich nickte verlegen Zustimmung. Auf der Stelle wurden Getränke bestellt, wir tranken uns zu und unterhielten uns – zu meinem Glück bestritt Robert die ganze Unterhaltung, in der ich mich durch Unwissenheit leicht hätte enttarnen können, alleine – über österreichische Innenpolitik. Nachdem wir unsere vollkommene Übereinstimmung in Fragen der österreichischen Innenpolitik festgestellt hatten, erwähnte Robert, daß er auf einen Freund warte, der aber stets unpünktlich sei, weil er immer »hinter seine Madeln herschaut, wos auf der Kurfüastenstroßn steangan, daß der Rubel stimmt«. Sein Gesicht stellte eine verquollene Masse grinsender Freude dar, die ganz wenig, etwa einen Hinweis auf ein vielleicht vorliegendes Mißverständnis, benötigt, um auch einem kurzfristig aufgekommenen Haß sofort die nötige Ausdruckskraft zu verleihen. Als schließlich der Besitzer des Etablissements erschien, ein athletischer Berliner mit Kaiser-Wilhelm-Schnurrbart, präsentierte Robert mich diesem, stolz auf meine elegante Kleidung und überhaupt mein fesches Auftreten – »ein solchena Feschak, hörst!« – hinweisend. Der Bärtige sagte anerkennend: »Det ist dea Wiena Schmäh« und gab weitere Getränke aus.

Überhaupt – obwohl ich oft darauf hinweise, ein charaktervolles und einzigartiges Gesicht zu besitzen – werde ich oft verwechselt. Durch einen glücklichen Zufall ganz zu Beginn des längeren Pariser Aufenthalts entdeckte ich in einem Bistro einmal eine junge Frau, die ich erstaunlicherweise zu kennen glaubte, was aber nur auf einer flüchtigen Ähnlichkeit mit einem Mädchen aus der Gymnasialzeit beruhte, dessen Lippen ich auf einer Grenzlandfahrt in die Oberpfalz im Dunklen einmal gestreift hatte. Erfreut, in der Fremde ein bekanntes Gesicht zu entdecken, setzte ich mich, zunächst französisch sprechend, dann aber zügig zum Deutschen übergehend, rasch an den Tisch zu ihr, die mich dazu ermuntert hatte, weil sie mich für einen ihr flüchtig bekannten jungen Gynäkologen aus einem Traunsteiner Krankenhaus hielt; und es dauerte einige Zeit – die mit einer Form lässiger Konversation verbracht wurde –, bis das Geschehen der Wahrheit, die in nichts anderem als einer doppelten Verwechslung zwischen sich gegenseitig vollkommen Unbekannten bestand, sich durch eine Bemerkung ihrerseits zu lichten begann, die auf meine visuelle und taktile Übersättigung mit Weiblichkeit abzielte. Ich gebe zu, daß ich nicht ohne eine gewisse Lüsternheit diese Vermutung weit von mir wies: Und gerade diese Lüsternheit erregte Verdacht, die junge Frau präzisierte ihre Frage. Ich meinerseits begann mich nun auch – mit einer solchen, bloße Metaphorizität weit hinter sich lassenden Direktheit und Anschaulichkeit konfrontiert – zu wundern, zu welchen, die Grenzen klassischer europäischer Liebeskunst gierig überschreitenden, Ausschweifungen mich meine Gesprächspartnerin für fähig hielt und stellte die Gegenfrage, ob sie denn nicht auch an sich selbst schon erfahren habe, daß manche Dinge, je öfter genossen, um so herrlicher würden. Der Hinweis auf den wachsenden Genuß verstörte sie offensichtlich, denn sie antwortete nicht, sondern sah nachdenklich die Tischdecke an. Die Lösung unserer Verwechslung will ich nicht weiter ausführen; es genügt, zu erwähnen, daß an ein Wiedersehen in Freundschaft und Wohlwollen, wäre es in der spanischen Hauptstadt oder an einem anderen Ort gewesen, nicht ohne größere Anstrengung, und also in unserer Zeit überhaupt nicht zu denken war, weshalb es auch nie stattfand: denn was nicht denkbar ist, geschieht auch nicht.

In einer Bahnhofsbuchhandlung hatte ich

mir inzwischen, als Lektüre für den Aufenthalt, den Roman eines russischen Lepidopterologen besorgt. Der Neapolitaner – so fiel mir ein, als ich die Treppenansammlung zur U-Bahn Richtung Vinetastraße hinunterging, erzählte noch, nachdem wir kurz über die katastrophalen Zustände in Neapel gesprochen hatten – »Sehen Sie sich diese ganzen Massen von Negern an und die Mafia ...« –, erzählte also, in seiner Jugend Gedichte geschrieben zu haben, die in den fünfziger Jahren unter anderem zusammen mit Gedichten von Pasolini in einer Anthologie erschienen seien – »Sie sind also ein Dichter?« – »Nein, nein, ich bin Bauingenieur. Denken Sie, daß ich gut oder schlecht (mováis) Französisch spreche?« – »Nun, ich wäre heilfroh (bien heureus), spräche ich so gut Italienisch, wie Sie Französisch ...« – »Lieben Sie Neapel?« – »Oh sicher, sicher ... sehr sogar! Ich liebe Neapel!«

Die Ungewißheit oder Wie man Fremden verbirgt daß man sich heimisch fühlt

Eine Feststellung

»›Spielst du Tennis?‹
›Sicher‹, erwiderte Franz, der sich an einen Hinterhof erinnerte, an einen braunen Schläger aus zweiter Hand, erstanden für eine Mark in einem Trödelladen unter einer Wagner-Büste, einen schwarzen Gummiball und eine wenig hilfsbereite Ziegelmauer mit einem verhängnisvollen viereckigen Loch, darin eine winzige Mauerblume wuchs …«

Vladimir Nabokov, König Dame Bube

Ist es nicht dringend Zeit geworden, endlich einmal festzustellen, daß wir Gegenwärtigen uns über Innen und Außen, Vertrautes und Fremdes im ungewissen befinden, nachdem die Türen offensichtlich zugefallen sind und es unmöglich wurde, zu sagen, ob wir *diesseits* oder *jenseits* zurückgeblieben, ob wir ein- oder vielmehr – was ebenso und vielleicht noch beunruhigender wäre – ausgesperrt worden sind? Doch was ist die Tür, wahrscheinlich eine Metapher, fragen Sie, gnädige Frau? Aus welchem Material, wer warf sie zu, wer verschloß sie? Schwer zu sagen. Ist sie überhaupt verschlossen? Sie zweifeln wahrscheinlich zu Recht, mein Herr. Ich weiß es nicht.

Darf es noch verwundern, wenn man inmitten von Umständen, die man in- und auswendig kennen müßte, nicht weiter weiß als bis zur nächsten Haltestelle des öffentlichen Verkehrsmittels, dessen Linie einen aber an Orte führen würde, die man auch kennt, an die man aber einfach nicht gelangen möchte, so daß man in der Hälfte zwischen Bleiben und Fortfahren stehenbleibt, nicht bleibt und nicht fortfährt? Wenn man sich verirrt, wo man auf- oder – noch schlimmer – fehlgeht an Orten, deren Fasern man eingewachsen ist; Nerven- und Weltenden an den neuralgischen Punkten verschmolzen, ein Gewebe von Synapsen und Kurzschlüssen; ein Zusammenhang von Flüssen und Nebenflüssen, Zuläufen und Verästelungen, die aber nicht zu des Ozeans Offenheit, sondern im Gegenteil in die Kanäle führen, an die man schon gar nicht mehr dachte und in deren Feuchtigkeiten andere Temperaturen herrschen, andere Gerüche, andere Fließgeschwindigkeiten und in denen im wörtlichsten Sinne alles, nur, irgendwie von den Umständen beeinflußt, ganz anders wieder an die Oberfläche der Tiefe gelangt, auf die man zurückgeworfen wurde, nachdem man in der Außenwelt auf die innere Qualität der Ungewißheit stieß?

Das ging mir irgendwann auf. Ich kann mich nicht mehr genau erinnern, aber es hatte mit Briefen zu tun, deren Adressat, wer immer auch, jedenfalls nicht ich sein sollte, die ich aber dennoch gelesen bzw. deren Inhalt mir jemand kolportiert hatte, der dazu nicht berechtigt war – wäre er berechtigt gewesen, er – oder vielleicht besser sie, denn es handelte sich um eine Frau, noch dazu eine Frau aus Nordafrika –, war es nicht, glauben Sie mir, hätte mich der Umstand, daß ich zwar nicht der gewünschte Leser, wohl aber Gegenstand der Texte war, nicht so sehr verunsichert, daß ich auf der Stelle Zweifel an ihrem Wahrheitsgehalt anmeldete. Diese Zweifel brachten mich dann dazu, den Raum, an dem die von mir bezweifelte Eröffnung stattgefunden hatte, auf der Stelle zu verlassen, dieses Kapitel zu schließen, die Tür hinter mir ins

Schloß zu werfen, in einer damals noch so fremden Stadt, von der ich nur noch den Namen der Straße wußte, in der mir eine andere Tür aufgetan werden würde, denn dort wurde ich von einem lieben lateinamerikanischen Freund erwartet. Daß ich bei diesem eiligen Aufbruch ins Ungewisse neben meinem durchaus wertvollen Schirm auch mein in einer üblicherweise mitgeführten Tasche bescheiden wartendes Adreßbuch zurückließ, bemerkte ich erst in einem, aus unmittelbarem Entschluß genommenen Taxi, das abwartend und irgendwie verunsichert herumstand. Auf der Fahrt – während ich den Namen der Straße, die Nummer des Hauses im Kopf immerfort herumdrehte, um sie nicht auch noch zu vergessen, wenn ihre materiale Signifikation schon verloren war – sprach der Wagenlenker pausenlos auf mich ein, um, wie ich später entdeckte, seine eigene Unsicherheit durch Schall zu übertuschen. Er pries die Stadt, durch die wir fuhren, wies auf ihre Vorzüge und Attraktionen hin. Ich vermied es, meine Fremdheit in ihr durch Gegenfragen zum Thema des Fahrermonologs zu machen; Gegenfragen, die einem Fremden nicht hätten verübelt werden können, auf einen Heimischen aber ein schlechtes, weil ungewohntes Licht geworfen hätten. So fuhren wir, der Fahrer sprechend, ich das Verhängnis der intriganten Eröffnung wälzend, deren Bezweifelbarkeit mit zunehmender Entfernung von dem Ort abnahm, in den ich sie zum ersten und bis dahin auch letzten Male gestellt hatte, und ihrerseits selbst unwahrscheinlicher wurde, so als wäre die zweifelsfreie Zweifelhaftigkeit eine Qualität des Orts, ein Spezifikum, das von anderen Stimmen anderer Räume als bloße Folge ihrer Durchquerung abgelöst würde. Die Fahrt dauerte an, zog sich hin, zog sich ganz eindeutig in die Länge. An ihrem Ende erwartete mich zum einen des Fahrers beiläufige Frage, ob – möge ich ihn ganz grob anweisen – die Gegend die richtige wäre oder es sich bei der gesuchten Straße um eine Straße handele, die doch eher im Südosten der Stadt läge, also am anderen Ende, welche Möglichkeit ihm eben gekommen sei und ihn nicht mehr loslasse, seit er sich hier, in diesem Viertel beim besten Willen nicht mehr zurechtfinde und ihm dies und jenes verdächtig vorkomme …; und zum anderen die Gewißheit, daß die zurückgebliebene Eröffnungsunberechtigte die Wahrheit, die reine Wahrheit preisgegeben hatte. Kann man sich einem Taxifahrer, der ein doppeltes Spiel mit Ihnen spielt, mein Fräulein, kann man sich dem doppelt ausliefern, indem man behauptet, nichts von den Regeln zu wissen, die man fälschlich die ganze Zeit beachtet hatte? Man kann es nicht. Ich konnte es nicht, konnte nicht anders, als verunsichert aufzufahren, vor mir das Gesicht des Hinterbringers, des Zeremonienmeisters dieser Intrige, in deren diaphanem Gewirk ich auf den Schlag gestellt war, mit dem der andere seine Ausführungen und choreographischen Anweisungen abschloß, die mich in den Zweifel, die nagende Ungewißheit am Ende der Fahrt hineinführen sollten, mich aus dem gepflegten Garten der Gewißheit aussperrend, so daß ich gezwungen war, das Taxi zu nehmen, dessen Fahrer uns beide an unbekannte Orte steuerte, weil er nämlich erst vorgestern seine Tätigkeit als Fahrer aufgenommen habe und angeblich vom Land sei. Vom Land? Wir standen an einer Ampel, die uns die Weiterfahrt kurzfristig unmöglich machte, hatten verschiedenste Richtungen zur Auswahl, und der Fahrer vom Land erwartete von mir städtisch Ortskundigem Anweisungen, Richtungsangaben, Entfernungseinschätzungen. Gewißheiten, die so dringend benötigten Gewißheiten, mit denen ich nicht dienen konnte, zumal das ja die Aufgabe des Fahrers gewesen wäre, den ich, das zumindest stand fest, dafür bezahlte. Er aber wußte nichts. Vielleicht wäre es besser gewesen, als die Ampel selbstsicher die Weiterfahrt anzumahnen begann, zu sagen: »Ich weiß es auch nicht, ich bin doch völlig fremd hier, wie soll ich es denn wissen?«, anstatt sich zu räuspern, das Gesicht der Intrigenschmiedin, in die – anstatt, wie es einem Gesicht zukäme, angesehen zu sein – von innen heraus die Unsicherheit im Äußeren beobachtete, vor Augen habend, sich zu räuspern und beiläufig, nur um den Fragen des inkompetenten Fahrers, auf die man keine Antworten hätte geben können, zu entgehen, beiläufig festzustellen, daß es da vorne, in einer Seitenstraße, wäre, daß man allerdings zu Fuß zu gehen wünsche, es sei nicht mehr weit, überhaupt, ein wenig Bewegung käme grade recht, man wünsche auszusteigen?

So stieg ich aus dem Taxi, nicht ohne zu vergessen, dem hilflosen Fahrer vom Land, das er verlassen hatte, um im ungewissen einer von Straßen, Straßen, Straßen – diesen Straßen, die in andere Straßen mündeten, die in Straßen und Plätzen und wieder anderen Straßen verschwanden – völlig verwüsteten Großstadt sein Glück in Form von zu fahrenden Ortskundigen zu finden, zerstreut ein Trinkgeld zu geben. Ich verließ die Stelle, die ich zuerst betreten hatte, mit jener gleichmütigen Unachtsamkeit, die Menschen, die an einem Ort unaufhörlich vorbeikommen, an den Tag legen, dessen Licht den Fremden das Wunder des einzigartigen Gebäudes, des großartigen Eingangs, der dringend zu studierenden Anlage des Ganzen, des Orts, schenkt – Sie wissen, was ich meine, meine Herrschaften. Den Blick auf den Boden gerichtet, ging ich nachdenklich in die zuvor so zufällig von mir bestimmte Richtung, als ob mich die Verschmutzung, das Unkraut, die kleinen häßlichen Gewächse zwischen den Fugen des Trottoirs *dieser bestimmten* Straße vielleicht nicht gerade quälen, aber mit jenem unangenehmen Fluidum bedecken würden, das die Dinge oder ihre Umstände, mit denen man für den Rest des Lebens zusammensein wird, ohne daß man sie wirklich mögen oder verabscheuen könnte, in ihrer unverständlichen Ironie zum täglichen Geschenk zu machen pflegen. Das Wetter schwankte zwischen Nieselregen und der Drohung von Nieselregen. Immer wieder duckte ich mich in die Hauseingänge kleinerer Straßen, um nicht vom Taxi beobachtet werden zu können, während ich beobachtete, wie dessen Fahrer sich im Einbahnverkehr dieses Viertels – von dem ich noch nicht einmal den Namen zu sagen wüßte – verlor und, immer wieder im Ausschnitt einer Querstraße auftauchend, langsamer wurde, stehenblieb – um sich dann doch nicht zu entscheiden, endlich einzubiegen, sondern weiterfuhr, an anderen Stellen wiederauftauchend, bis es ihm endlich gelungen wäre, einen Fahrgast zu finden, der ihn glücklich fortdirigieren würde; bald auch hatte ich die Haltestelle einer Buslinie entdeckt, mit der ich wenige Stunden später dorthin zurückkam, wo mich die Eröffnung ereilt hatte, von der ich mit Hilfe des orientierungslosen Fahrers hatte fliehen wollen. Ich fand einen Platz neben einem sehr dicken Mann, dessen aufgequollene, rotpustelige Nase die Zweifel eines langen Lebens in feuchten Umständen aufgesogen zu haben schien. Wenn er sich mir – der ich bei jeder neuen Haltestelle aufsprang, sicher, daß ich doch schon an der letzten hätte aussteigen müssen, und immer wieder nervös gespannt zurückkehrte – erstaunt zuwand, war es, als blickte er mich nicht aus seinen Äuglein an, die in seinem wahrscheinlich zärtlich gemästeten Gesichtsfleisch versunken waren, sondern mit der Nase; die Nase sah mich unsicher an, aber neugierig – ungewiß, aber wissensdurstig, so daß ich ihn nicht nach dem Namen der Haltestelle fragen konnte, weil es mir gewesen wäre, als hätte ich seine, mich zweifelnd ansehende Nase gefragt, als wäre ich seine Nase in meiner Ungewißheit nach Weisung angegangen.

Der Zweifel treibt uns um; aber da er Zweifel ist, treibt er uns Gegenwärtige unentschlossen in alle möglichen Umstände, Richtungen, Gespräche und Überprüfungen von fragilen Gegenständen, wie Brillen, an denen man nestelt, die man befingert, Zweifel an der richtigen Stellung dieses Bügels kommen auf, schließlich, da sich der Bügel eindeutig in einer falschen Position befindet, biegt man ihn, biegt diesen immer schon fragilen Bügel, biegt, bis er an einer Stelle abbricht, die man schlecht wird löten können, denn dort ist der Bügel schon oft abgebrochen, schon oft – und während der Ärger über die sinnlose Gewalttat das Innere aushöhlt und durchlässig für Flüssigkeiten macht, tappt man äußerlich im Verschwommenen, im Nebel der verlorenen Formen der Dinge, die zu einem Materiebrei geworden sind, und legt sich aufs Bett, um nicht länger in ihm herumzugehen und abzuwarten. Ein wenig warten. Doch worauf, wollen Sie wissen, worauf? Das Europa gewisser Erwartungen, fragen Sie nicht unberechtigt, ist es nicht in derjenigen Vegetation verschwunden, die zunächst nur niedliches Grün zwischen den Ritzen des inneren Trottoirs war, bald knöchelhoch halmte, und jetzt bräuchte man Buschmesser, um, den Rufen der letzten Europäer nachgehend, die sich ihrer Sache sicher sind, dem Flüstern folgend, das aus dem Strauchwerk dringt und von Wipfeln wundersam weht, endlich die Lichtungen zu erreichen? Die Lichtungen, auf denen die letzten Gewissen sich zu Vorträgen, Aufsätzen und sogar kleinen Theatervergnügen sammeln? Aber wie wenigstens einen Stehplatz am Rande finden, wo zwar noch Holunder wuchert, aber man endlich den letzten Gewissen bei ihren Abgesängen, Prophezeiungen und Theaterstücken beiwohnen könnte, die sogar fast in Versen geschrieben sind, wenn man es mit dem Versmaß nicht so genau nimmt, und wer nimmt es mit dem Versmaß in diesen ungewissen Zeiten schon so genau?

Schwer zu sagen, zumal man auch nicht aufsteht vom Bett, weil man sich das Bein an irgendeinem Gegenstand stoßen würde, sondern liegenbleibt, um noch etwas abzuwarten, noch etwas Zeit verstreichen zu lassen – denn die Zeit klärt, klärt das Trübe, nicht wahr? Wenn man doch endlich einmal feststellen könnte, worin das Trübe trübt, was die Ungewißheit verunsichert, wem der Zweifel mißtraut.

Die offenbar keinen falschen Vorstellungen hingegebenen letzten Gewissen sind sanft in das Rieseln der zerfallenden Zivilisation geschmiegt, sprechen souverän und eindeutig über das, was abgeschlossen ist, was nicht mehr geht, was gerade zu Ende ging. Menschen, die die Tür ins Schloß fallen sahen und nun – wohlig im Morgenniesel ihrer Gewißheit – mit geschlossenen Augen beschreiben können, was sich hinter der Tür alles verborgen hat: Sternennächte, Bäume in Gärten und Straßen über Feldern; die hübschen Gebrauchsgegenstände, die so praktisch waren, die schönen Platten mit dem Ring des guten Nibelungen, die Ritterrüstungen mit Initialen, die Gebräuche und Sitten der alten Zeit, als die, nunmehr leerstehende, Wohnung, Europa, noch von manch wundersam' Gestalten besucht, von ihren Gesängen in richtigen Versen, an die man sich noch genau erinnern kann, lustig oder tragisch durchhallt war, je nach Witterung und Jahreszeit. Auf die Echos der letzten Gewissen, die wissen, daß sie zwar draußen im Äußeren stehen, aber innen im Warmen sitzen, stoße ich allerorten, aber während sie mit geschlossenen Augen singen, lese ich mühsam, weil meine Brille beschlagen ist, von diesen Gesängen und Deutungen in Zeitschriften, die ich kaufte, um mir die Zeit ungewissen Wartens – »Fährt der Nachtbus nun hier ab, oder nicht? Wann geht die letzte U-Bahn?« – erträglicher zu machen. Wo ich stehe, weiß ich nicht – Sie auch?, wundern Sie sich, mein Herr? –, ob ich jetzt stehengeblieben bin oder ob ich nicht vielmehr von dieser Stelle, an der ich stehe, losgehen werde. Betrete ich ein Gebäude, oder ist dieses Hineingehen nicht vielmehr der endgültige Austritt aus einem anderen, der Abschluß eines vormaligen Hinausgehens? Beendet ein Punkt den Satz, oder ist er nicht vielmehr der Anfang eines neuen? Und wie ist es mit den Fragezeichen?

Denn mir – anders als den Gewissen – ist selbst das Fragwürdige nicht sicher; in diesen finalen Zeiten unterhält man sich mit Imaginären, die Anderen haben sich verlaufen, man findet sie nicht mehr, so führt man verkappte Selbstgespräche, in denen man sich fragt, ob man sich denn wirklich immer im Regen stehengelassen fühlen muß, wobei man nicht einmal sagen könnte, von wem, von wem? Wenn man das wüßte – muß es denn immer so sein, daß man ein Leben lebt, daß man es lebt, man hat einen guten, wenn auch nicht billigen Optiker, daß man so fortlebt, sich aber in Wahrheit hinten und vorne nicht auskennt, daß man sich für abgebrüht hält, aber jedem sicheren Beobachter in Wahrheit einem Teebeutel ähnlich sieht, der ausgekocht herumhängt und den niemand je wiederverwenden will, außer in Notzeiten? Denn die letzten Gewissen sind es im sicheren Bewußtsein des Unsicheren, sie sind die Souveräne der Ohnmachtserklärung, ihnen ist der Zweifel Spiel der Wellen, Tanzplatz und heil'ger Hain des Theatermonologs – noch die Unsicherheiten in Versmaß und Grammatik sind ihnen die Wedel, mit denen sie das Weihwasser des Gedeuts über die Gegenwärt'gen gießen, die nicht wissen was – Weihe oder Niesel? Denn Europa hat sich angefeuchtet, ohne aber wirklich naß zu sein, es ist glitschig geworden, glitschig; und wo man heute oder morgen, oder vielleicht nächste Woche – wer weiß das schon? – hinkommt, weil man sich auf die eine oder andere Weise verfahren hat, sieht man von ferne, durch die Schleier der beschlagenen Brille, Menschen in ihren Gesprächen voller Fragen des Ausgleitens und hinschlitternder Vermutungen, ohne sich aber der Abwesenheit eines geheimen Hintersinns sicher sein zu können, nicht wahr? Vielleicht ist der Bewußtseinsboden absichtlich und kalkuliert glitschig, und es handelt sich um kleine Einlagen, um Späße und Kunststücke?

Warum unterscheiden sich die Gegenwärtigen so auffallend, aber zugleich so schemenhaft von den letzten Gewissen, bei denen man weiß, daß sie sich überhaupt keinen Spaß machen, geschweige ihn verstünden, würde er, von wem immer auch, gemacht? Darum, weil wir, die Gegenwärtigen, alle so uneindeutig in unserer Ungewißheit sind, daß man nie weiß, ob dahinter nicht Ironie steckt: die Ironie ist überhaupt das Zentralproblem, denn ihre Möglichkeit taucht immer wieder wie ein imaginärer lächelnder Regenbogen am Rande der Umstände auf, um aber hineinzuwinken, hineinzuzwinkern, so daß vielleicht alles anders gemeint ist, alles anders, und die Ungewißheit mancher Gegenwärtiger wäre in Wahrheit höchstes Wissen, höchstes Sichauskennen mit den Dingen, vollendete Gewißheit? Denn, seien wir ehrlich, so desorientiert kann man nicht wirklich sein! Sie können mir folgen, junger Mann? Das Beunruhigende an der Ironie, die es deshalb unbedingt zu vermeiden gilt, obwohl man ihr vielleicht gerade dadurch die Tür öffnet, von der man nicht weiß, in welche Richtung sie aufgehen, ob man mit ihr hineinfallen oder von ihr nach hinten geschleudert werden wird, ist doch gerade, daß mit ihrer Hilfe der Kurzsichtigste einen Adlerblick bekommen kann, mit dem er einen aus weiter Ferne fixiert, obwohl er ohne es zu bemerken mit seinen Füßen in Pfützen stehengebliebenen Nieselregens steht; die letzten Gewissen, die sich sicher sind, daß alle Möglichkeiten verspielt sind – alle, bis auf die eine nämlich, diesen Verlust in Zeitschriften und auf Bühnen bekanntzugeben –, stehen über der Ironie, der wir anderen, ohne es nur im geringsten zu beabsichtigen, immer wieder zweifelnd gegenüberstehen – Ach, wirklich? ängstigen Sie sich, meine Dame? Ich fürchte, ich fürchte ...

Vor allem dort, wo man sich auskennen müßte, zu Hause, von wo ich ungern fortgehe, weil es *von außen* immer so aussieht, als ob ich gar nicht darin – in diesem Zuhause – wohnen würde, gerade dort also stößt man auf die Ungewißheit; etwa in Form großer Müdigkeit am Morgen, so daß man, obwohl bestimmte Gedanken ihrer Objektivierung durch Niederschrift kleiner Texte bedürftig wären, im Bett liegenbleibt, um statt dessen über diese erstaunliche und schon verdächtige Müdigkeit nachzudenken, diese Müdigkeit, die wahrscheinlich von *Pilzen* im Körper herrührt – Pilzen? Pilzen, die in einem wuchsen, die im eigenen Körperinneren gediehen, wie die Schimmelkulturen im

Rahmjoghurtglas in der Küche, das man sich – aus der ansich ja absurden Furcht, die Schimmelkulturen hätten während der *evolutionstheoretisch* außerordentlich günstigen Umstände der letzten Wochen, in denen man verreist war, einen evolutionären Sprung zu so etwas hin wie *Bewußtsein* gemacht – nicht dem Müll zu überantworten traut, zweifelnd in einem Zweifel höchster Beunruhigung, *was* für einen lebendigen Zusammenhang in diesem Rahmjoghurtglas man da wegwerfen würde, welche Kultur von Pilzen man der Vernichtung anheimgeben würde. Pilze, deren abscheuliche Verwandte mittlerweile sogar in einem selbst zu wachsen begonnen haben. Pilze, die leben, wahrscheinlich schon immer lebten, und man erinnert sich, wie man als Kind in den vernebelten Novemberwäldern der oberbayerischen Hallertau seinem Vater, der Bescheid wußte, unbeschreiblich früh am Morgen durch tropfende unendliche Untergehölze zu folgen versuchte, was mißlang, weil man auf den Boden starrte, den Boden, um *Pilze* zu finden, die Pilze, von denen in dieser Zeit unaufhörlich gesprochen wurde und die man niemals fand, und man hatte den Vater verloren und sah beunruhigt den Tröpfchen auf den Spinnennetzen zu, wie sie nicht herunterfielen, während die Spinnen ironisch auf völlig andere Dinge warteten und vom Vater einfach nichts mehr zu sehen noch zu hören war, und jetzt ist man von den Pilzen, die heimlich in einem wuchsen, aufs Bett niedergestreckt, in einer unglaublichen inneren Müdigkeit, die nach außen sickert und zu einer äußeren Müdigkeit wird, müde Stühle und Tische hervorbringend. Verunsichernder ist nichts und ungewisser als solch eine Müdigkeit, die sich so lange über die Topfpflanzen legt, bis sie nach draußen dringt, auf die Fassaden der anderen Straßenseite, die unsicher und müde werden, während ein müder Nieselregen fällt und im Körper die Pilze abwarten. Vielleicht sollte man gegen die Pilze eine Vitamintablette in Wasser auflösen? raten Sie, mein Fräulein. Vielleicht, doch während man müde das inzwischen vitaminhaltige Wasser trinkt und draußen der Niesel fällt, ist man sich nicht mehr sicher, denn das Wasser und der Niesel reimen sich irgendwie, wirkliche Verse im großen Gehen der Materie und ihren Gesängen, es nieselt, und man trinkt Wasser in sich hinein, und vielleicht – möglich wäre es – verständigen sich ja die Pilze mit den Vitaminen hinter meinem Rücken und reimen sich friedlich aufeinander, wie sich das Wasser und der Niesel aufeinander reimen, und die Vitamine befruchten die Pilze? Sollte man das Vitaminwasserglas nicht besser wegstellen, denkt man sich, indem man zur Entspannung eine Zigarette nimmt, und stellt es auf irgendwelche herumliegenden angefangenen Briefe oder Texte, um rauchend darüber nachzudenken, ob nicht gerade Pilze in ihrer körperinneren Dunkelheit auf Vitamine angewiesen sind, auf dieses Gehen der Materie, den Wechsel der Stoffe, die Rinnsale der Flüssigkeiten, die Reime der Substanzen?

Ich habe es schon festgestellt – Sie erinnern sich gnädigerweise?: gerade zu Hause, auf den Seiten schon unzählige Male aufgeschlagener Kapitel, warten die Überraschungen von Schmutz, Flecken und Wasserrändern: den Ironien der Materie in den geheimnisvollen Spuren eines irgendwie verdächtigen, aber unbekannten Lesers, der offensichtlich, ohne sich im geringsten darum zu kümmern – aber vielleicht bemerkt er das einfach nicht, vielleicht ist er so zerstreut, daß er viele Dinge völlig unbeabsichtigt anrichtet, wenden Sie da von hinten großzügig ein? –, der jedenfalls seine Zigarettenasche wahllos dort fallen läßt, wo er gerade steht; die Verschmutzung der Texte ist die Handschrift des Lesers, der unaufhörlich, und vielleicht ohne Absicht, die Orte seiner Anwesenheit verschmutzt zurückläßt, so daß man durch den eigenen Ordnungssinn gezwungen wird, beständig mit Schaufel und Besen hinter diesem Jemand, dessen Leben sich ebenso geheim wie unvorhersehbar zwischen geöffneten Türen abspielt, herzuwischen, zu kehren und zu wischen und seine Spuren zu beseitigen – dem Ungewissen dieser Tätigkeit wird man in den Rauchpausen unbeobachteter Beobachtung in Form von *Anderen* sinnbildhaft ansichtig, die, murmelnd und mürrisch mit einer halb heruntergebrannten Zigarette im Mund, kehrend und wischend, kleine, aber doch so lästige Verunreinigungen beseitigen; im Schutz geöffneter Türflügel, hinter denen man steht, Schaufel und Besen in der Linken, die Zigarette, die man gebannt ganz vergißt, in der Rechten, sieht man *den Anderen*, während man von ihr abgelassen hat, bei ihrer Tätigkeit zu. Beobachtet, wie sie hinter den Türen wischen, denn hinter den Türen ist es immer so schmutzig, so daß man sie am liebsten versperren würde, um den Schmutz endlich auszusperren; aber wie, wenn man den Schmutz in Wahrheit einsperrte und sich selbst aus? Wenn man es den Verschmutzungen behaglich machte durch dies Sperren, das einen selbst im ungewissen Unbehagen zurückließe, auf Straßen, die einem bekannt vorkommen, aber bekannt wie die Andeutungen von Undurchschaubaren, über Intrigen und Verstrickungen, in denen man sich angeblich befände, ohne das geringste geahnt zu haben, das heißt … man ahnte durchaus, also so ist das, so reimt es sich also: *das* also ist das Europa der Gegenwart, in dem die Andeutungen der letzten Gewissen in der nebelfeuchten Luft liegen, daher die Müdigkeit, nebenbei gesagt, und vieles andere – gerade das viele andere übrigens;

das ist der Grund, auf dem wir Gegenwärt'gen glitschen, immer schon verwickelt, so verwickelt in *dies immer schon* und *dies je schon* hineinglitschernd. Ach so, ach so, das ist ja furchtbar, meinen Sie wirklich? Wenn ich es Ihnen doch sage, meine Herrschaften, glauben Sie mir!

Aber man mißtraut; man mißtraut unaufhörlich und liest mehrmals den Fahrplan mit den Stationen der Straßenbahn, obwohl man mit dieser Straßenbahn schon so häufig gefahren ist, und schon so häufig hat man sich verfahren, weil es doch eine andere Straßenbahn war, die man, im Glauben, daß nichts passieren könne, bestiegen hatte. Dieses angebrachte Mißtrauen führt dazu, daß man von Fremden angesprochen wird, die nicht weiterwissen und der Landessprache nur zur Anzeige ihrer Ohnmacht mächtig sind; denn das Eigenartige an diesem Grundmißtrauen ist der Ausdruck höchster Gelassenheit, die es einem erlaubt, freimütig herumzublicken, während man in Wahrheit versucht, eine Uhr zu entdecken, denn die Straßenbahn hat doch offensichtlich Verspätung? Dies aber fragt man niemanden, der herumsteht, weil man auf falsche Auskünfte, die unweigerlich folgen würden, verzichten kann. Dieser Verzicht aber macht heimisch, denn die Heimat – das Zuhause der *Anderen* – ist die große Verzichtsklammer, die alles zusammenhält – man fragt nicht nach, weil es die *Anderen* auch nicht besser wissen, so daß man schweigt und raucht; das wirkt heimelig, und wenn niemand nachfragt, ist man hier zu Hause; und man ist zu Hause, weil niemand nachfragt, und alle sind hier zu Hause, weil alle niemanden fragen, weil ihnen die falschen Antworten schon immer auf die Nerven gegangen sind. Tatsächlich? zweifeln Sie – zu Recht – *nicht*, mein Herr. Die Nachfrage von Fremden ist es, die uns in die Fremde stößt.

So traf mich, während ich unschlüssig in der auf Fremde so anziehend wirkenden Großstadt der westlichen Welt, Berlin, in der ich mich, immer wieder bei einem guten Freund wohnend, im Laufe jedes Aufenthalts zunehmend heimischer fühle, abwartete, um Entscheidungen herbeizuführen, die sich noch in Ein- oder Ausgängen zu verbergen schienen, irgendwann einmal eine Gruppe von aufmerksamen japanischen Touristen, Vater und Mama, Sohn und Töchterchen, mit der auf englisch gestellten Frage, wie sie am schnellsten und sichersten von dem Ort, an dem ich abwartete, zu einem anderen, wo ein *Anderer* sie erwartete, kämen. Vage hatte ich von diesem Ort schon gehört, wußte auch, daß er sich nicht allzu weit von hier – von dort – befände, und erbot mich, die Herrschaften zu begleiten. Insgeheim rekonstruierte ich den zu gehenden Weg in meinem Inneren, während ich im Äußeren auf die Vorzüge, die ein Aufenthalt in dieser Stadt für die Fremden haben mochte, hinwies, ohne allerdings meinen eigenen Geschmack aufzudrängen, über den ich mir nicht sicher war. Auch antworteten die japanischen Fremden überhaupt nicht. So gingen wir. Die Stadt entwickelte laufend – ganz entgegen meiner inneren Rekonstruktion, in der ich mich schließlich verlief, weil ich Inneres und Äußeres so dringend in Assonanz bringen wollte – Straßenzüge, die mit den Straßenzügen in meinem Inneren nichts zu tun hatten. Straßen, durch die ich nie gegangen war, wiederum in Straßen mündend, von deren dunkler Existenz mir niemals etwas geschwant hatte. Es gab plötzlich aus dem Nieselmeer, denn es hatte angefangen zu nieseln, auftauchende Plätze, die sich in wieder andere, noch geheimnisvollere Plätzchen und Gäßchen zerfaserten, unversehens wieder zu immensen Alleen anschwellende Gäßchen – und immerfort und ungeheuer produktiv wurde weiter hervorgebracht, wurde umgebaut, wurden Fahrtrichtungen geändert. Ein beständiges Suchen nach den Fäden der Straßen, den Fädchen, zu Schnüren verknüpft, zu Seilen und Knoten, die Plätze Wollknäule, ein einziges komplexes gordisches Labyrinth, dessen Bewanderung meine Einbildungskraft irgendwann überstieg – was hätte ich schließlich anderes tun können, als festzustellen, daß ich nicht wußte, wohin weiter; alles stehenzulassen und mich – nicht ohne noch darauf hinzuweisen, daß es das beste wäre, wenn die Herrschaften ein Taxi nehmen würden – zu empfehlen?

Die Verführung
oder
Vom Schatten der Gelegenheit im Licht zu stehen

Eine Erhellung

» By a route obscure and lonely,
Haunted by ills angels only,
Where an Eidolon, named NIGHT;
On a black throne reigns upright,
I have wandered home but newly
From this ultimate dim Thule.«

Edgar Allan Poe, Dream Land

Ich stehe seit einiger Zeit, genauer, seit einer Art von Rundreise von Paris nach Paris, mit C., einer, wie ich stark annehmen muß, vollkommen ahnungslosen jungen Frau, in einer Verbindung, die uns in die Umstände einer Verführung verwickelt hat. Diese sollen erhellt werden.

Ich begegnete ihr auf einem großen öffentlichen Fest im Palacio Cristall, dem Kristallpalast im Hauptpark von Madrid, auf das ich mich wegen eines ganz anderen Mädchens, das mich glücklicherweise versetzte, begeben hatte. Das ganz andere Mädchen – ein kleines, doch eben notwendiges Leuchtfeuer auf meinem Weg hin zu C. – hatte ich in einem Mißverständnis angesprochen und vielleicht auch nie wirklich damit gerechnet, sie deswegen so hinreißend zu finden, daß sie meiner Person hätte erliegen müssen. Ich suchte – kann sein aus Gewohnheit – trotzdem nach ihr, um aber C. zu entdecken. Diese sollte mir wenig später in einer öffentlichen Bibliothek, am Ort meiner zum Ausgleich der auf Reisen ja immer so verführerisch vorhandenen Freizeit betriebenen Studien zur Philosophie des lateinischen Mittelalters, wiederbegegnen. Die Lichtverhältnisse der Bibliothek ergaben mit denen des kristallenen Festes die Andeutung eines bis zu diesem Augenblick noch anklingenden Akkords, dessen Grundton ich zu suchen beabsichtige.

Niemand weiß besser als ich, daß erhellend

wirkende Gelassenheit des Denkens im Gedanken an Verführung ihre natürliche Grenze hat, daß leicht alles aus den Fugen gerät, wenn man die Fälle erörtert, in denen man selbst als Verführter oder Verführer ins Glühlicht geriet: sternengleich aufweißender Glühfaden zwischen dem Objekt der Begierde und dem Blick dessen, der in des Begehrens Taumel, nachdem man die Stufen des Schwindels hinabgestiegen ist, eben das Objekt auffindet, das vollkommene Objekt, in dem – unter den Gluten blutroter Schleier – alle nur möglichen Objekte zusammengeschlossen sind: Auge in Auge. Man selbst nur noch Blick: Blick der Begierde: Blick der ausweglosen Übereignung der sogenannten Persönlichkeit an das Auge des Sturms, das Begehrte. Reines Sehorgan, das alles verschlingt, alles auslöscht im Sog des krassen Herscheins, der Verlockung, schwarzes Loch, Grund jedes Sturzes: Ende jeder Bewegung und Triumph des Körpers durch seine Desavouierung. Der Körper im Auge, das dem Auge gegenübersteht, dem wirklich einzigen Auge, der Körper ins Auge gestürzt, der Körper, in dem keine Faser nicht trunken ist; Zusammenbruch jedweder Ordnung, sämtlicher Zusammenhänge, in denen der Körper nicht nur singuläres Auge war, sondern im Plural stehend, Hand und Bein und Herz und Verstand waren, die wußten, was zu tun, was nicht, die funktionierten, nicht in diesen Brei des universalen Auges verschmolzen waren, durch das Andere, das Auge, das man anstarrt, in dessen Strudel die Teile verwirbelt, aufgelöst, keine Teile, kein Ganzes, nichts sind, als das andere Auge anstarrendes Toben des Auges, zu dem man unter den Blicken des Anderen wurde …

Das Betreiben der Verführung – ich weiß es, zumal ich ja in sie verwickelt bin – ist das geheime Grundproblem der menschlichen Existenz am Ende des 20. Jahrhunderts. Denn zum einen betreibt man sie mit Hilfe des zunächst mehr oder weniger integren Leibes, der aber gerade zum Körper werden soll, zum anderen in vollkommen unvorhersehbaren Umständen. Man fällt ihr an Orten zum Opfer, die man nie betreten hat, oder an Orten, an denen man sich jeden Tag tausendmal aufhielt, um sich mit der Herstellung von Tee zu beschäftigen. Um die Verführung zu verstehen, ist man gezwungen, die Umstände, die Orte, die Zeiten in der einmaligen Verquickung, die den Bodensatz der Verführung ausmachte, zu erhellen. Wann begann sie wirklich? Wann trat der Schatten des Verführers in das eigene, noch von der Sonne der unverführten Alltäglichkeit beschienene Leben, dessen zartleuchtend fluoreszierendes Unschuldsflämmchen – ohne daß man vielleicht selbst darum wußte – letzter erhellter Punkt der Ebene war, ehe sich die dunkle Arbeit der Tiefe, die Mühen des Verführers schattend heranwälzten? Man kann mit dem Verführer monatelang auf engstem Raum zusammenleben, und weder ihm noch einem selbst wird schwanen, daß eines Augenblicks die Gier zwischen beiden ihren triefenden Platz einnehmen wird; man ist sozusagen schon per du mit irgendeinem Körperteil irgendeines Menschen, ohne die leiseste Ahnung, daß dieser Körperteil plötzlich im gleißenden Licht der Gelegenheit aufblitzen wird, um sich unter diesem Licht in den Stellvertreter der Gottheit, an dem die Kronjuwelen eines anderen Planeten blitzen, zu verwandeln, daß sich über die eigenen Sinne der vollkommenste Schatten einer unvorhersehbaren Eklipse schiebt, daß man in die Dunkelheit des Begehrens stürzen wird, die einzig noch ein Licht erhellt, ein einziges nie gesehenes Licht.

Plötzlich erscheinen sämtliche verborgenen Eigenschaften der Menschen und der sie umgebenden Dinge; Eigenschaften, die in der geheimen, von der Arbeit des Verführers schon modrig durchwühlten und mit Geheimgängen durchzogenen Tiefe lauerten: ihre obskuren Umtriebe treibend. Die, an die Oberfläche brechend, jedwede mögliche Hinterwelt rauben, derer sich die Phantasie, um sich von der unerfüllten und begierdelos dahinschwappenden Gegenwart abzulenken, hätte bedienen können.

Distanzen des Imaginären lösen sich in das Nichts vollkommener Hautnähe auf. Alles wird Fleisch und Körper, an denen die Phantasie versagt, versagt, aber zugleich, hinterweltlos, jeden Gedanken mit der tausendfachen Vergrößerung der Gier aufblähen muß. Diesen Hautfetzen, dieses Fleisch, diese unfaßliche Beinform; unbeschreibliche Gotteslust der Vorstellung, sich dieser Entitäten zu bemächtigen. Zugleich liegt das Universum der Umstände, das an der *Gelegenheit* seine geheime Weltformel besitzt, dazwischen. Ohne sie zu erhellen, kann eine Einsicht in die Verführung nicht gelingen, so wie der Verführer scheitern und nie zur Sache kommen wird, der sich ihrer nicht wie auf dem Klavier seiner heimlichen Lust, auf der Orgel seiner Gier zur Gestaltung wohlüberlegter, schließlich in die letzte und unausweichliche Doppelfuge mündender Präludien zu bedienen weiß. Wer der Abschweifung verfällt, ist verloren, denn nichts ist heimtückisch wunderbarer, als Worte über die Pläne einer Verführung zu verlieren – Worte, die man später schmerzlichst vermissen wird, weil sie, einmal nur ausgesprochen, ihre Verführungskraft verlieren, so daß man in die verzweifelte Suche nach immer neuen Worten gestoßen wird, die man, wenn sie aufgefunden sind, zur Probe ausspricht; man permutiert zum volltrunkenen Schwätzer, der im Vollrausch der Hitze die letzten Wasservorräte in den Sand der

Wüste schüttet, um endlich eine rettende Quelle aufzutun.

Während des längeren, von einer Rundreise vollendeten Pariser Aufenthalts, der, wie ich meinem zweifelnd in die oberbayerische Hallertau zurückkehrenden Reisebegleiter beim Abschied an der Garde de l'est mitzuteilen wußte, zunächst dem Selbst-, sodann aber, nach dessen erfolgreicher Durchführung, dem Fremdstudium gewidmet sein sollte, machte ich durch die Hilfe eines widerlichen Gnomen die Bekanntschaft eines Mädchens, in bezug auf welches der Gnom – das lallende Idealbild des Schwätzers – und ich, wie sich herausstellen sollte, offenbar ähnlichste Gedanken entwickelten, aber verschiedenste praktische Folgerungen zogen. Des Gnomen Verführungskünste bestanden darin, an verschiedenen öffentlichen Plätzen Mädchen und jungen Frauen, sobald er ihrer im richtigen Licht ansichtig geworden war, das Angebot sofortigen Geschlechtsverkehrs zu machen; um die Ernsthaftigkeit seines Angebots zu beweisen, folgte er den Objekten seiner Lust längere Zeit durch die Stadt, bis die Fortsetzung sich entweder als unmöglich bzw. sinnlos, weil ohne Chance auf Erhörung, herausgestellt oder zum Ziel geführt hatte. Letzteres aber war niemals der Fall. Ich wurde mit dem Gnom und seiner verfehlten Strategie auf der Office Postale du Louvre konfrontriert. Er trug kurze, offenbar bayerische Lederhosen, hatte einen Schnurrbart; seine Zunge bewegte sich schlängelnd in der postoffiziellen Umgebung, um ein Mädchen von seinen Fähigkeiten der Lustbereitung zu überzeugen. Um den, offensichtlich als Stimulanzium der Mädchenphantasie gedachten, werbenden Illusionismus zu steigern, begleitete er seine tongalen Operationen mit Krählauten. Lustgeräuschen – so folgerte ich –, die bei der in den Genuß der Gnomenzungenfertigkeit Kommenden durch jene vielleicht hervorgerufen werden sollten. Das Mädchen, das sich mir wenig später als Sophia vorstellen sollte, starrte auf den Marmorboden; der Gnom aber verstand dies nicht als Signal, sein Ansinnen und sämtliche aus diesem resultierenden symbolischen Handlungen aufzugeben, sondern im Gegenteil. Dies rief den Unmut mehrerer Anwesender hervor, unter die ich mich, in der ursprünglichen Absicht, einen Brief über meine Pariserlebnisse an meinen ohne mich aufgebrochenen Freund in Bayern abzusenden, auf den einen Schlag gereiht sah, mit dem mir auch klar wurde, was tun. Ich trat dem Gnomen, der kleiner als ich war, was selten vorkommt, denn ich bin nicht der Größte, in den von ihm zur Verführung Sophias angelegten, mit symbolischen Handlungen so täppisch gepflasterten Weg. Er erkannte den Konkurrenten in mir, schwenkte um und richtete seine Aufmerksamkeit auf mich, allerdings nicht zu Verführungszwecken, sondern um zu schmähen. Er bedachte jedoch nicht, daß Schmähungen eines offensichtlichen Helden durch einen versagenden Verführer das Objekt zwangsläufig in die Heldenarme treibt. So geschah es. Die weiteren Umstände dieser *conversation à trois*, die alle Zweifel an des Gnomen Ungeschick in Verführungsfragen, sofern diese überhaupt noch bestanden haben sollten, ausräumten, erhellen nichts; wichtig ist allein, daß ich Sophia, ein schwedisches Au-pair-Mädchen, wenige Tage später in meiner glücklich als Liebesnest zur Verfügung stehenden Wohnung antraf, wohin ich sie eingeladen hatte, um nach einigen Augenblicken gespannten Schweigens ein von mir geschickt geführtes Gespräch mit ihr zu beginnen. In diesem Wortwechsel beklagte sie zunächst die Ausbeutung durch die sie beschäftigende Familie, deren Haushaltsplanung sich auf die unaufhörliche und übermäßige Belastung des Mädchens beschränke, ansonsten aber wahl- und regellos erscheinen müsse; sie hatte auch an einem überaus kultivierten, sogar des Altgriechischen mächtigen französischen Verehrer, der dies nun schon einige Zeit sei, vieles auszusetzen. Er versäume es, wie es doch dem Brauch und den in Skandinavien üblichen Erwartungen entsprechend vorauszusetzen sei, so Sophia, sie zunächst und mit Absicht durch einen, etwa in Flaschenform als solchem zusammengehaltenen und damit konsumierbaren Teil des in Frankreich doch allen Schichten gleichermaßen vertrauten Weines betrunken zu machen und sie dann anzupacken, d. i. wahrscheinlich sie durch kräftige Stöße zunächst in eine Horizontale zu bringen, sie sodann, wenn nötig mit Gewalt, ihrer Kleidung zu berauben, um schließlich aber eine körperliche Realisation der bislang allein seelisch präformierten und empfundenen Liebe herbeizuführen, die auch Grund des metaphorischen Rauschgetränks, gleich welcher Farbe, sein sollte, wenn dieses doch endlich einmal an einem ihrer ohnedies so seltenen freien Abende ins Spiel käme, aus dem durchaus auch in der nach dem Gastland benannten Abart Ernst werden dürfte – dies allerdings nur unter starkem Einfluß des Getränks und ihrem damit gebrochenen Willen zur Sittsamkeit, deren Opfer endlich einzufordern sie dem höflichen Liebhaber ständig suggeriere. Dieser aber habe bereits Andeutungen gemacht, zunächst einen konventionellen Ordnungsverlauf ihrer – noch *platonischen* – Beziehung abwarten zu wollen, wonach es auch, so folgerte das Mädchen, nicht mehr nötig sei, sie durch Wein ihres Widerwillens zu berauben, der doch durch die konventionelle bürgerlich-nutzungsrechtliche Form körperlich-sichtbar ins ausschließlich-kantische Einverständnis hinübergeschlagen sei. Aber er, der Säumige, täusche sich hierin nicht nur selbst, sondern gerade auch in dem diesem Selbst in keusch zurückhaltender Liebe zugetanen Mädchen, das es endlich wissen und hinterhältig überrumpelt werden wolle. Statt dessen werde auch noch immer wieder Griechisches in schlechtes Schwedisch übersetzt, ein vom Altphilologen nur aus Liebe zu Sophia mühsam zusammendilettiertes Schwedisch noch dazu.

So kommen die beiden – Sophia und ihr Altphilologe – nicht zusammen, dachte ich mir, zugleich die Informationen heimlich nutzend, indem ich meinerseits plante, mein, durch Wein, gegen den ich, obschon kein Franzose, nichts hatte, unterstütztes Glück bei der Verführung des Au-pair-Mädchens zu versuchen. Zwar war sie bald nachweislich betrunken, erwies sich meinen Hinweisen gegenüber aber nicht aufgeschlossen, die ich über eine doch naheliegend erscheinende Umsiedelung unseres Gesprächs auf das Bett gab, wo man endlich liegen könne, um die Welt der Schwerkraft zu vergessen. Weiter als zu Hinweisen wollte ich erst, nachdem diese Erfolg gezeitigt hätten, gehen; andererseits war der Wein ausgegangen und mit diesem die Möglichkeit, daß Sophia irgendwann von selbst erliegen würde. Völlig entgegen meinem Plan spürte ich die Wirkungen des Getränks, wachsende sinnliche Ungewißheit. Während meines anspielungsreichen Sprechens über Integrität und große Bedeutung des Körpers für das zeitgenössische Denken verhakten sich meine Gedanken in beständig schwellenden, meinen körpereigenen Blut- und Nervenbahnen entsteigenden Nebelfalten. Vieles drehte sich. Sophia nicht. Viel sprach ich. Sophia schwieg. Von – fatal imaginär gewordener – Verführungsabsicht besoffen, starrte ich unirritierbarer schwedischer Nüchternheit in mehrere Gesichter. Sophia blickte auf den Boden. Auf der gerade noch erreichten Toilette dämmerte ich, jeder Hoffnung verlustig, schließlich ein. Sophia bestellte sich mit dem Telefon kühl ein Taxi.

Wochen später mußte ich von einem zufälligen gemeinsamen, aus Uruguay stammenden, Bekannten, mit dem sie einen, laut des uruguyaischen Zeugnises, ergebnislos-langweiligen Abend beim Wein zugebracht hatte, des Mädchens Meinung erzählt bekommen, ich sei ein Schwätzer und Schwächling, dem es außerdem an Manieren mangele. Mein Vorwissen, an das ich durch die mich nunmehr Geringschätzende gekommen war, warf allerdings ein anderes Licht auf die Angelegenheit und ermöglichte mir eine gründliche psychologische Deutung des gegenüber einem Lateinamerikaner Geäußerten, der *a posteriori* seinerseits Opfer dieser fortlaufenden, mittlerweile wahrscheinlich einem uns beiden unbekanntem Vierten hinterbrachten Denunziation geworden sein dürfte.

Die europäische Verführung im Zeitalter des allgemeinen Zusammenbruchs ist auf derjenigen Talsohle höchster Verwahrlosung angelangt, auf der sich alle Formen des zeitgenössischen Bewußtseins und seine Objektivationen in endzeitlichen Choreographien tummeln. Die Menschen finden sich nicht mehr schön – und so finden sie sich überhaupt nicht mehr: wohin man sich in Europa heute auch begibt, begegnet man Menschen wie eine Straße überquerenden Rehen im Lichtschein des heranrasenden Sportwagens, geblendet in Sinnenschwärze, in vollkommenster Unfähigkeit auch nur zur geringsten Bewegung; das Gefährt, das, unterwegs zur letzten Dämmerung des Kontinents, selbst im tiefsten Schatten liegt, rast auf sie zu: gesteuert aber nicht vom allein führungsberechtigten Verführer, sondern führungslos. Die Geschwindigkeit erhöht sich beständig, doch die Distanz nimmt nicht mehr ab. Vor dem Untergang, der nicht aufzuhalten ist, kann uns nur der große, von selbstsuspendierender Vernunft entworfener, obskurer Objektleidenschaft folgende Verführer retten. Unbemerkt sein geheimes Wesen treibend zwischen allen, denen das endzeitliche, im Mittag der Katastrophe angelangte Gestirn jeden Schatten geraubt hat.

So wartete ich auf dem Münchener Hauptbahnhof vor kurzem einmal ohne Ende, das in den Anfang einer wohlüberlegten und deshalb auch mit Sicherheit glücklichen Verführung durch mich gemündet wäre, auf ein minderjähriges Mädchen aus Berlin, dessen offenbar als Scherz gedachte Ankündigung, mich zu besuchen, einen Tag nannte, an dem ungefähr hunderttausend Jungen und Mädchen in die Landeshauptstadt gereist kamen, um an einer, die Liebe (engl. = love) als Motto im Namen führenden Musikparade über die Leopoldstraße teilzunehmen. Klassisch korrekt gekleidet und instinktsicher von der unübersehbaren Menge der Paradewilligen überschwemmt, die, waren sie Mädchen, Unterwäsche und darüber drapierte Klarsichtplastikfolien, waren sie Jungen, so leicht herunterziehbare Trainingshosen ohne Oberteile trugen, bewegte ich mich unsichtbar, lächelnd, in der Hochspannung des Verführers. Von der Fülle seines Elements umspült, in das er durch das Ausbleiben eines winzigen Teiles von jenem so köstlich getaucht worden war, die Luft des Heimatplaneten atmend, konnte es nicht überraschen, daß es mir bald gelang, ein Mädchen, das vielleicht ein bißchen dick war und eigenartigerweise nach Bratfett roch, für die Dauer eines von mir spendierten kalten Imbisses, den sie gierig verschlang, an meine Lippen zu fesseln, während sie nach ihrer im Gewühl verschollenen Freundin – beide übrigens aus dem fränkischen Eftehrn gebürtig – Ausschau hielt. Mit dieser Freundin, deren Nacktheit ihre Kleidung zu bedecken schien, verschwand sie in den Tiefen der Großstadt, in deren Mitte ich wohne, nicht ohne mir glaubwürdig die Unmöglichkeit einer Übernachtung mit der Eröffnung deutlich zu machen, in besagtem Eftehrn am Montag *iihmm G'schääähhhft* von seiten seines Inhabers, der es auf sie abgesehen habe, aber chancenlos sei, erwartet zu werden, denn sie beabsichtige, *kirchlich* (?) zu heiraten.

Die Generation der Geschlechtslosigkeit als direkte Folge der Apokalypse, nur durch außerordentliche *Hervorkehrung des Geschlechts* – sprich Kryptisierung durch Überzeichnung – zu erklären (*Come here and fuck me, cazzo!*), bedarf, um vor ihrem Untergang gerettet zu werden, des zeitgenössischen Verführers alter Schule, dessen oberste Strategieregel die Schaffung eines, seine messianische Person umwehenden, atmosphärischen Geheimnisses ist. Dieses entsteht nicht dadurch, daß man einem Objekt plötzlich aufgebrochener Begierde von vormaligen Aufbrüchen berichtet. Wer niemals an Spätsommertagen dunkelhäutig glühende Bolivianerinnen lediglich durch das bloße Übersetzen von Texten des Nikolaus von Cues aus dem Lateinischen in erstklassiges Kastilianisch zu willenlosen Bündeln der Leidenschaft, die sich auf sofortige Beiwohnung durch den gelassenen Übersetzer richtete, umzuformen verstand, weiß nicht, wovon ich die ganze Zeit schon rede, und wird es niemals wissen.

Auf Reisen lernte ich die ambivalenten Geheimnisse des Geschlechtlichen, dem man sich in allen Lagen, mit allen Geisteskräften und Sinnen ergeben muß. In Neapel träumte ich eine ganze schon angebrochene, anfangs vollendet deprimierende Nacht von einer mich gegen Bezahlung verführen wollenden Frau, die *Bello!* schrie, als sie mich erblickte, ihren Unterkörper in kreiselnde Bewegung versetzte, mir ins Auge blickte, um mich dazu zu verlocken, ihr atmendes Geschlecht zu erforschen. Nachdem es bereits zu spät war und ich selbst panikschwitzend und benommen in einem Café saß, ging ich in Gedanken im Rausch des Südens den Weg mit dieser Frau, durch nicht sehr viele Seitenstraßen, aus denen das äußere Leben, wie durch die Exzentrizität des schreienden Zentrums des geschlechtlichen Umtriebs aller Kraft beraubt, sich immer mehr zurückgezogen haben würde. Um mich herum Rausch und Traum. Wo!? Wo hatte ich einmal gelesen, fragte ich mich, daß das Scheidensekret der Frau Stoffe enthalte, die denen bei der Verwesung von Fisch entstehenden identisch seien? Oder war das nur die These dieser schlaflosen Nacht am Fischmarkt, inmitten des Fischgeruchs, der von den späten

Auslagen des letzten, seine Ware unter allen Umständen losbekommen wollenden Muschelverkäufers, der – zum Beweis ihrer Frische – eine der Muscheln, deren rote, ausgreifend arbeitende Füße keinen anderen Halt als die gleichsam suchenden, tastenden Muskelfüße der übrigen Muscheln finden konnten, aus dem Rund der Schale nahm und den jetzt in der Luft frei sich bewegenden Fuß mit seiner Zunge zunächst leicht umspielte, liebkoste, worauf die Muschel – oder soll ich sagen: der Fuß? Aber das wäre noch eigenartiger, wesenloser, unbestimmter in aller Deutlichkeit – gleichsam in blindem Liebesspiel einging, um schließlich seinen Kopf in Ekstase zurückzulegen, einen innigen Kuß, eine Verschmelzung, einen reibenden Rausch durchlebend, und fest zuzubeißen, seine Zähne in den Muskel hakend, um ihn schließlich langsam herauszuwinden und zu verspeisen.

Die meisten, die nicht einmal bewußt wissen dürften, daß man Verführung mit »h« schreibt, werden zwar erfolglos sein, ihr Versagen aber durch uferlose Reden zu sublimieren trachten, Reden, die als Geraune, als wallender Stimmenteppich, als Gesang allgemeiner Abgewiesenheit die öffentlichen Plätze überziehen, die auf den Straßen und in den Gartenlokalen zu hören sind, in deren buschigen Dunkelheiten im Gehen der Materie einst Körperflüssigkeiten getauscht wurden; Reden, deren wirkliche Verhältnisse dem wahren, immer noch der *Bewegung im Schatten* mächtigen Connaisseur offen zutage liegen. Europa, über dem der klinische Untergangsgeruch des *Safer-Sex* (engl. = Sicherer Geschlechtsverkehr (?)) liegt, ist bevölkert von idealen Lustobjekten und objektiven Schwätzern, als Ensemble vollkommenstes Abbild des Chaos. Die Geschlechter, deren einzelne Vertreter sich, von gegenseitiger Gier getrieben bzw. einander verfallend auf Hinterhöfen je stöhnend zu begegnen hätten, um sich in der blendenden Nacht der Sinne die Kleider vom Leib zu reißen, sind sich durch die Wirkungen der von ihren perfiden Schlüsselträgern ausgeheckten perversen Sittlichkeit *(condamné à condome!)* vollends fremd geworden, Meßdienern den Priestern der Sexualtherapie, Abbadons glibbernden Gefährten. Sie sind vereinsamt – im gleißend falschen Licht der Organomnipräsenz. Nackt und nutzlos in den unaufhaltsam beschlossenen Untergang gestoßen, vor dem uns nur das heimliche Wesen der Verführung retten wird, obwohl es keine Hoffnung gibt; überall in den *Séparées* des europäischen Kontinents am Ende des 20. Jahrhunderts schreit alles nach der Obskurität des Verführers, der sich mit den subtilen Feinheiten korrekter Kleidung auskennt – Kleidung, die bedeckt, um das Bedeckte im rechten Licht aufscheinen zu lassen – und der unbemerkt darangeht, Schnürchen zu lösen und Bänderchen aufzubinden, wobei zu große Intelligenz schadet, zu geringe zwangsläufig alles verderben muß, und vor allem – überhaupt das Entscheidendste – muß der Verführer, auch schon während der Erhellung der Umstände, die das Geheimproblem ausmachen, mit unbedingtem Ernst bei der Sache sein; Unernst, möglicherweise sogar Ironie, würden ihn dem Tanz zwischen den blinden Objekten und den versagenden Schwätzern, zu dem die Therapeuten die technizistischen Schalmeien blasen, einreihen: das Ende jeder Hoffnung, das Ende überhaupt, des Selbstverstümmlers Origines hämischer letzter Triumph …

Was etwa das Telefon an Verwüstungenzwischen den Beteiligten, die sich des Ernstes der Lage nicht bewußt sind, anrichtet, ist unbeschreiblich. Not tut zu wissen, wie man sich jenes zu bedienen hat! So rief ich vor einiger Zeit mehrmals eben besagte junge Frau an (ich war heimlich, aber doch so wohlüberlegt nach Berlin gefahren, wo sie mittlerweile lebt), deren Telefonnummer ich durch außergewöhnlich geschickte ungesetzliche Manipulationen in einer öffentlichen Bibliothek, wo sie sich Bücher über die Ethnologie des Vorderen Orients auszuleihen pflegt, herausgefunden hatte. Auffallend war ihr Schweigen während meiner langen und geistreichen – von Anspielungen, deren Eindeutigkeit ich in präziser Progression steigerte, um sie, die junge Frau, langsam auszubrennen und weichzukochen, durchzogenen – Ausführungen zum lateinischen Mittelalter, das sie – das Schweigen – erst im bisher letzten, dem sechsten oder siebten unserer fernmündlichen Gespräche mit der Frage brach, wie ich bitte schon wieder an ihre Telefonnummer gekommen wäre. Kurz danach, nachdem ich ihr endlich meine eigene Telefonnummer, das heißt die eines Freundes, bei dem ich wohnte, und die sie bald zu wählen versprach, hatte geben können, legte ich, ihr unsichtbar, lächelnd auf – meines Sieges gewiß, an den ich oft denke und der mir heute so möglich wie nie scheint; denn die größte Gefahr für den Verführer – das war mir schon in meinen Jugendtagen, die ich hauptsächlich abwartend zwischen Hecken und Sträuchern zubrachte, klar – stellt es ohne jeden Zweifel dar, das eigentliche Objekt der Sehnsucht, aus welchen Gründen auch immer, aus den Augen zu verlieren, einen Schritt zuviel zu machen – die sicheren Hecken und Sträucher zu verlassen, könnte man sagen – und auf einen Kontinent namenloser Begierde zu geraten, auf dem die Rufe niemanden mehr erreichen werden und dessen Gestalt dem endzeitlichen Europa bis auf das Haar gleicht, das der Verführer in dem unbemerkten Augenblick, auf den er heimlich lauerte, dem Ziel seiner Lust herauszureißen hätte, um sich die Betäubung im Choc zur verdienten Befriedigung seiner Triebe zunutze zu machen. Keine überflüssigen Worte.

Das jede Peinlichkeit und jeden Rückschlag in den Umständen einer Verführung, die einem Schwätzer zur größten, mit immer neuen Worten zu überdeckenden Katastrophe sich mischen, mit feinster Eleganz zurückweisende Ethos des wahren Verführers, auf dem die Last liegt, dem untergehenden Abendland den letztmöglichen Lichtstrahl zu bringen, in dem die Menschen wieder in wirklicher, flüssigkeitssingender Schönheit erscheinen werden, hat sich immerfort an den großen Zusammenkünften neu zu schulen. Dort, wo der Verführer inmitten der Masse alleine mit sich und seiner noch unbestimmten Begierde ist, taucht die Idee der Verführung so rein wie nie auf, dort – oder nirgends – wird an der Rettung der verlorenen Seelen geschmiedet. Anstatt sinnlos zum Schwätzer zu werden und sich Gedanken zu machen, muß man sich auf der Stelle dem Unerträglichen und zugleich unendlich Verlockenden der verpfuschten, dem Trunk hingegebenen Abende aussetzen, aus dem – dem egal wie herbeigeführten Rausch – die unmittelbare Verfolgung von jungen Frauen und Mädchen folgt. Wären sie der Plumpheit des aufdringlichen Trinkers zugänglich, was sie nicht sind, wären sie es nicht wert, verfolgt zu werden. Zugleich aber gibt es nichts, was der Wildheit eines solchen Mädchens gleichen könnte, das lüstern den unsinnigsten vom Verführer zum besten gegebenen Auffassungen und Weltanschauungen lauscht, um endlich den Beweis zu bringen, daß man doch recht hat. Die mißlungenen Pointen, deren vorangehende – *nochjungfräulichen* Epiphanien gleichende – Gedanken sich auf den wankenden Vernunftstegen weit ins – vormals heilig nüchterne – jetzt von Begehrensstürmen gepeitschte, uferlos vernebelte Bewußtseinsmeer hinauswagten, um spurlos zu verschwinden und für immer verschwunden zu bleiben, so daß die Pointen wie Trümmer und Findlinge einer untergegangenen Kultur – die von zufälligen Touristen verwundert angestaunt werden – in einer ehemaligen, jetzt aber verödeten Kulturlandschaft stehen. Eben diese Summe verpfuschter Abende auf großen öffentlichen Festen ist unerträglich und doch so verlockend in seinen kreiselnden Orbitalen, die, bis das Zentrum Lichtjahre entfernt liegt, immer weitere Radien um das wieder nüchtern gewordene Selbst – wie Fäden sich um ein Knäuel legend – zu ziehen beginnen. Wuselnde Phantomtänze endlich unbekannter Choreographie heben an, deren Choreograph den Namen der immer unbekannten Geliebten und die Gestalt des unbeobachteten Beobachters hat; an den Spitzen bedenklich in den Wahnsinn der Kinderjahre in den Gebüschen getunkte Tänze eines geheimnisvollen Kontrapunkts, um den die Fuge der Gefallenen sich gruppiert, eine schimmernde, phosphoreszierende Reihe bewegter Bilder um das Bilderlose – das Rätsel der Stille, bis der endliche mit seiner Röte die Nacht vertreibende Morgen dämmert. Die Nacht, in der man nach dem Licht einer Gelegenheit suchte und den ersten Schatten der Verführung fand.

Sie wird mich anrufen; sie hat es versprochen.

Die Uneigentlichkeit
oder
Weshalb es besser ist zu sprechen wenn man es satt hat sich zu unterhalten

Eine Rede

»Es könnte so sein: Ich höre, es male einer ein Bild ›Beethoven beim Schreiben der 9. Symphonie‹. Ich könnte mir leicht vorstellen, was etwa auf so einem Bild zu sehen wäre. Aber wie, wenn einer darstellen wollte, wie Goethe ausgesehen hätte beim Schreiben der 9.Symphonie? Da wüßte ich mir nichts vorzustellen, was nicht peinlich und lächerlich wäre.«

Ludwig Wittgenstein,
Philosophische Untersuchungen

Meine Damen und Herren, die Sie jeder für sich und stellvertretend für die über die ganze westliche Welt verteilten Bewohner der westlichen Welt hier anwesen – hochverehrte Leser: Wenig dürfte präzisierend dem noch nachzufolgen haben, was ich jetzt, ganz zu Beginn meiner Ausführungen, gleichsam in einem Satz münden lassen möchte, bevor Quelle und Strom gesichtet noch überhaupt benannt sind: Wir – die westliche Welt und ihre Bewohner – sind in das Zeitalter des abschließenden Monologs eingetreten.

Diesen Monolog zu verstehen, in dem das Abendland seine jahrtausendealten Stimmen angesichts seines Endes zu einer einzigen gebündelt hat, hieße – das Schweigen verstehen. Denn – was uns mitten hinein führt – es wird gesprochen, weil man endlich schweigen möchte. Wenn, meine Damen und Herren, wenn es so wäre und wir alle unser Ehrenwort gäben, daß ich jetzt meine Rede halte, sie beende und wir dann alle schweigend aufbrächen, sie – meine Rede über den finalen europäischen Monolog – wäre schon mit diesem Wort beendet. Sie wäre zu Ende, wenn wir die Versammlung, ohne ein Wort mehr zu verlieren, auflösen würden, vielleicht mit gesenkten Köpfen zur Garderobe gehend, um Kleidungsstücke an uns zu nehmen, um uns in die dehumanisierten Systeme des Verkehrs einzuschleusen, jeder für sich in seinem Kraftfahrzeug auf den Belag immenser Stadt- und Überlandautobahnen geworfen, in seinem Kraftfahrzeug, dessen potentielle Geschwindigkeit sich in den letzten Jahrzehnten des 20. Jahrhunderts immer mehr erhöht hat, vielleicht um die beständige Drohung des Staus, das Schleichende der Schrittgeschwindigkeit und das Kriechen der Innenstädte um so deutlicher und fühlbarer werden zu lassen – um in jedem mühsam überwundenen Meter die Kilometer eilenden Flugs und uneingeschränkter Freiheitsausübung, die man mit solch einem Wagen auf einer baumgesäumten, durch romantische Landschaften führenden Straße etwa im 19. Jahrhundert erfahren hätte, faßbar zu machen und das Ende des 20. Jahrhunderts so greifbar in seinem Stillstand. Alles steht still, alles bleibt stehen, die Kraftfahrzeuge und die Personenaufzüge, in Aufzugschächten an Drahtseilen aufgehängte, durch Techniktrunkenheit arretierte Zellen zusammengesperrter Subjekte. Auch meine Rede käme zum Stehen, für sich in die durch ewige Nacht und Abwesenheit natürlicher Lichtverhältnisse hineingebrochenen horizontalen Schächte der Metros, die Trassen der S-Bahnen und Tramways aufbrechen würde, um von den umhertreibenden Banden heimatlos gewordener und jeglicher sozialer Kommunikation sich verweigernder Jugendlicher mord- und raublustig umringt zu werden. Von dieser eigenen – schrecklich erst im Entstehen begriffenen – Gesetzen folgenden neuen Urhorde, mit eigener barbarischer Sprache und fremden Göttern, von denen wir nichts wissen können, von denen ihre Diener selbst nichts wußten. Ahnungslos, bis zu den Augenblicken, in denen wir, ihre vereinsamten Opfer mit dem ernsten Blick, ihre schemenhaft blitzartig erhellte Gestalt entdecken, bevor wir ihnen in postzivilisatorischen Riten dargebracht werden, ohne noch ein treffendes Gedicht, dessen Titel etwa *Der Gott des Schachts* lauten könnte, zur Niederschrift bringen zu können.

Wenn – ich bin noch bei der Exposition – jeder für sich zu den nivellierten und stereotypen Nichtorten der Flughäfen sich aufmachen würde, die sich überall gleichen, und wäre es auf den Seychellen, in New York oder in betonierten, ausgetrockneten und mit aller Macht verwüsteten ehemaligen Moorlandschaften des bayerischen Oberlands, die die gleichen Angebote und Versprechen versammeln, ihren kurzfristigen Bevölkerungen die gleichen Prozeduren und Rituale abverlangen, deren einziger noch greifbarer Sinn in dem Beweis seines schieren, sich selbst anzeigenden Fehlens besteht; die Flughäfen Kathedralen einer ortlos gewordenen und an ihr namenloses Ende gekommenen Moderne, deren Abschluß diese

Rede sein könnte, ausführlich schonungslos genug wäre sie jedenfalls; aber in Wahrheit suche ich noch nach meinem Thema. Das eben gerade eilig, aber doch gekonnt improvisierte Genrebild *Spätes Abendland, untergehend* ist nicht mein eigentliches Thema. Diese Rede hat noch keinen Ort – sobald man heute nämlich zu sprechen anfängt, verliert man jeden Halt, weil man ihn im Einnehmen eines Standpunkts vollkommen aufzehrt, und wäre er der letzte, von dem aus die Apokalypse Thema würde und dem man nichts hinzufügen müßte.

Dazu aber, zu *Die Hinzufügung*, um die man sich, wenn man es genau nimmt, selbst schon wieder in unbekümmert hingeworfenen Essays zu kümmern hätte, würde es zweifellos und sofort kommen; das könnte dann *Die Hinzufügung oder Wie man ausbreitet, was einem zwischendurch einfällt. Ein Vorwort* werden. Eine Sache nebenbei, über die man nachdenken kann, während die anderen vor sich hin monologisieren und keinen Punkt finden können; eine Sache, der man sich auf der Stelle annimmt, an der sie einem einfiel, ohne sich um die Ordnung der Dinge zu kümmern, ohne die Diskursivität einzuhalten, eine Sache, die nicht höflich wartet, bis der Andere ausgesprochen hat, denn gerade dieses Warten auf das Aussprechen der Anderen ging einem schon immer auf die Nerven – eine Sache mit anderen Worten, die man einschiebt und fertig. *Die Hinzufügung* aber wird nicht geschrieben werden – und wenn diese Rede einen Sinn haben soll, dann den, das Geschriebenwerden von *Die Hinzufügung* zu verhindern, die Entstehung von *Die Hinzufügung* genauso unmöglich zu machen wie jeden weiteren möglicherweise zu *Die Hinzufügung* führenden oder diese bereits genauer skizzierenden oder vielleicht sogar präzisierenden Gedanken. Denn, wer weiß, was Ihnen während meiner Rede so durch den Kopf geht, welcher Begriff sich verhakt, weil er vielleicht zu oft wiederholt worden ist, wiederholt und verhakt, anstatt fortgeschwemmt zu werden und herrliche endliche Gedankenleere zurückzulassen – die europäische Kulturgeschichte besteht aus dauernden derartigen *Hinzufügungen*. Meine Rede wird sie sanft abschließen.

Denn wer weiß, was Sie anschließend noch geplant haben, alles mögliche vielleicht, alles mögliche, anstatt, meine sehr verehrten Damen und Herren, anstatt sich endlich vereinzelt, ziellos, entwurzelt und ohne jede moralische oder irgendwie weltanschauliche Orientierung der Diffusion, dem großen letzten Ausatmen des Abendlands zu überantworten. Sie werden sich beim Hinausgehen wahrscheinlich gegenseitig den Vortritt lassen, werden *Vielen Dank* sagen und *Ein bißchen übertrieben, diese Rede, finden Sie nicht auch?*, und Sie werden Antworten erhalten, werden beim Weg zur Garderobe kleine Grüppchen bilden, wie Tautröpfchen an den Nadeln der Stichwörter, die ich Ihnen die ganze Zeit schon geliefert habe, ohne es zu wollen, aber das nützt natürlich nichts. *Ja,* werden Sie sagen, *diese Vereinzelung, da ist schon was dran,* und Sie werden zusammen noch etwas trinken gehen, um das zu besprechen; und diese dauernden Besprechungen sind doch der Grund und das Zentralproblem, insofern sie nicht ernst gemeint sind und gar nicht ernst gemeint sein können, insofern sie nur Verschachtelungen von Monologen sind und des Gesprächspartners so wenig bedürften wie Hamlet des Publikums, um zu räsonieren; und dennoch ist immer Publikum da, und Hamlet ist immer alleine; alles ist heute eigentlich anders gemeint, selbst die Theaterstücke, in denen mittlerweile auch wieder mancherlei Versmaß und Rhythmus zu herrschen versuchen, weisen heute eher darauf hin, daß ihre Autoren besser *Broschüren* schreiben sollten, während die Broschüren klingen, als stammten sie von ernüchterten *Theologen,* deren *Traktate* sich aber neuerdings wie Artikel aus *Psychologie heute* lesen. Auch Reden über den Untergang, das Ende, die Ausblutung und die Substanzlosigkeit zeitgenössischen Denkens und Schreibens, an denen ja *an ihnen* nicht zu rütteln ist, werden aus anderen Gründen gehalten und sind nicht so gemeint, denn eigentlich sagen sie nur, daß die anderen die Klappe halten sollen, weil sie den Redner bei der eleganten Aufzeichnung seiner bemerkenswerten Gedanken über den jeweiligen unaufhaltsamen Untergang stören. Ununterbrochen zu reden ist das Geheimnis der Wahrheit; sich Zwischenfragen zu verbitten das der Souveränität; Abschlußdiskussionen auszuschließen das der Gelassenheit des Denkers.

Die Schwierigkeit hierbei ist, daß sich niemand daran hält, sondern ganz im Gegenteil – das Ende einer Rede provoziert ja förmlich zu Wortmeldungen, jede rhetorische Pause des Redners nützt man zu Einwürfen, und kaum beginnt jemand zu sprechen, fällt allen ein, daß sie etwas zu sagen haben, worüber sie sich unterhalten wollen. In diesem Fall, zu dem es unter allen Umständen, wie zum Amen in den verfallenden Kirchen des toten Gottes, kommt, ist es am günstigsten, etwas zu sagen oder einzuwerfen, was niemanden überrascht; denn überraschenderweise wirkt nichts verdächtiger und bedenkenswerter als der Gemeinplatz – wer würde schon einfach so Gemeinplätze vertreten, denkt sich jeder, da steckt doch etwas dahinter. Zu sagen: *Ich weiß, das hört sich wie eine Floskel an, aber in diesem Fall* ... oder: *Klingt wie ein Klischee, aber bekanntlich haben Klischees immer ein Körnchen Wahrheit in sich* ... oder sogar: *Das erscheint wie eines dieser Vorurteile, aber ich* muß *das jetzt in Kauf nehmen* ... stellt die besten Möglichkeiten dar, Floskeln, Klischees und Vorurteile zu Ausgangspunkten langatmiger und phrasenvoller Reden zu nehmen, deren Sinn in der Widerlegung – oder, im eigentlichen Wortsinn, Substitution – der Floskeln, Klischees und Vorurteile besteht, aus denen die offensichtlich überflüssigen Reden der Anderen gebaut sind. Dieses außerordentlich praktische Substitutionssystem, in dem sich die rhetorische Tradition der westlichen Welt eingerichtet hat, verdankt seine Beliebtheit der Konvergenz mit der Steckbaukastenmethode des zeitgenössischen abendländischen Denkens, das so funktioniert, daß man wie in Kindertagen mit Steckelementen Strukturen aufbaut, mit deren Hilfe man grüne gegen blaue Steine, jeden dritten gelben gegen einen violetten Stein usw. austauschen kann, um interessante Farbeffekte, die es bei richtiger Behandlung bis zu Philosophemen bringen können, zu erzielen. – Austausch. *Sich austauschen* sagt man ja auch, um ein Gespräch zu paraphrasieren, also einen Zusammenhang von Monologen über einen oder mehrere, so oder so austauschbare Themata oder Gegenstände ...

Rhetorik und Denken – dieses durch den fatalen Ernst und das Sprachunvermögen der Denker bzw. durch den Leichtsinn und die Unbildung der Schriftsteller über Jahrhunderte entzweite und auseinandergehaltene Geschwisterpaar –, wer hätte gedacht, daß sie ganz am Ende der Geschichte, sozusagen als kindisch gewordene Greise endlich wieder vereint, gemeinsam ein kreatives und ökologisch einwandfreies Kinderspiel spielen würden?

Nun, meine Damen und Herren, warum, fragen Sie mich, warum nur? Nun deshalb vielleicht, weil das Steckbausprachkastenspiel seinen geheimen Sinn Konzepten *psychologischer* Gesprächsführung verdankt. Der Untergang des Abendlands ist eine psychologische Errungenschaft – denn er bereitete sich in den Seelen vor und wird in den Seelen ausgetragen werden. Die Seelenkundigen, die Psychologen, sind in Wahrheit die Apokalyptischen Reiter, die auf den Seelen der Abendländer reiten, als wäre es höllisches Getier. Am Anfang der Psychologen war bekanntlich die Urhorde. Aber während es bei dieser noch darum ging, in einer mit den stammelnden Anfängen barbarischen Idioms beschworener Tatgemeinschaft mit seinen Brüdern einen schlechtriechenden alten, sehr nah verwandten Affen aus Geschlechts- und Futterneid zu ermorden, zu verspeisen und eine Religion darauf zu gründen, in der man es mit seinen Schuldgefühlen wegen des kannibalischen Mordes sogar bis zum Bau etwa gotischer Kathedralen bringen konnte, sieht es heute so aus, als ob die Urhorde, nachdem ihr Schuldgefühl es bis zu den Psychologen brachte, damit in großem Stil und Kreis sozusagen in sich zurückgaloppiert ist. Eben der Kreis, auf dessen Linie die Tempel, Kathedralen, Verbrennungsmotoren, Gedenkschriften, Kontinententdeckungen, Symphoniekonzerte und Transzendentalphilosophien liegen, über deren Ende ich spreche. Jetzt aber besteht die Urhorde aus psychologenberittenen Seelen: die Abendländer, äußerlich mehr oder weniger perfekt und ihren jeweiligen Tätigkeiten, sei es Lehre oder Boulevard, entsprechend gekleidet, gehen durch die Fußgängerzonen – in der inneren Wahrheit aber werden immer mehr von ihnen von den Psychologen zu einem flotten inneren Galopp mißbraucht, einer *tour de force* spanischer Dressurkunst und einem wirklichen Bocksritt, in dem der eine Psychologe den anderen Psychologen zu überholen versucht, und die Seelen müssen es leiden, die Seelen werden geritten – es soll ein Ritt über den Bodensee des Selbst sein, alle reiten in einer Fuchsjagd dieser Ichsubstanz hinterher, die irgendwo vorneweg galoppieren soll, nur daß sie niemand sieht. *Auf ins Innere!* heißt die Losung des Ritts; daß es ein Ritt in den Untergang ist, macht die ganze Sache um so schmerzlicher.

Es lohnt sich kaum, noch etwas zu sagen, weshalb manche Psychologen ihr Reitgeschirr in der Technik der Gesprächsführung fanden, und damit galoppieren sie wirklich ordentlich, sie sind allerorten an der Spitze. Die Techniken der Gesprächsführung beruhen darauf, in einem inneren Dialog sozusagen alle möglichen Antworten oder Erwiderungen der oder des Anderen – von denen man nichts wissen will – antizipierend, aber rückwirkend sofort in den Gedanken, den man äußern wollte, eingehen zu lassen, der sich dadurch naturgemäß verändert: diese Veränderung führt zu einer neuen, nach vorne schweifenden Abwägung und so fort; das heißt, die geschickte Gesprächsführung führt zu völligem Schweigen – dieses Schweigen könnte aber von den oder dem Anderen, wenn diese oder dieser die Kunst der Gesprächsführung nicht beherrschen sollten oder sollte, durch eigenes Sprechen mißbraucht werden, so daß man eben gezwungen ist, selbst zu sprechen, um Zeit zum Nachdenken über die Gesprächsführung zu gewinnen – man muß ein Sprechen finden, das nur ein Atemholen ist, auch wenn es, rein formal betrachtet, ganz anders aussieht; haben Sie nie die schweigenden Unterhaltungen von Abteilungs- und Gruppenbesprechungen, Konferenzen, Podiums- und Abschlußdiskussionen und so fort und so weiter beobachtet? Dieses atemholende, schweigende Sprechen, das nirgendwo hinführt, weil sowieso alles am Ende ist? Es hat seine Idealform am Steckbausprachkastenspiel.

Womit ich, meine Damen und Herren, kreiselnd auf ein anderes Problem zurückkomme, das ich mir, Ihr schweigendes Einverständnis vorausgesetzt, noch aufgehoben hatte wie ein Stück Weihnachtsnascherei bis zum August: die Uneigentlichkeit. Nein, sagen Sie nichts! Was könnten Sie schon sagen, was nicht peinlich und lächerlich wäre? Sehen Sie, den Folgen der psychologischen Gesprächsführung entgeht nur derjenige, der zuerst die Rede auf den Unernst, die Unglaubwürdigkeit, die doppelte und dreifache Verlogenheit und Sophistik und die hintergründige Oberflächlichkeit bringt, mit der diese Elemente in der jeweiligen Gesprächsgegenwart arrangiert werden; das, meine Damen und Herren, alleine, die Uneigentlichkeit nämlich, läßt die Redner gelassen enden. Wenn alle lügen, um ein deutlicheres Beispiel zu nennen, ist der, der sich selbst einen Lügner nennt, fein raus – egal, ob das stimmt oder nicht, und niemand kann kommen und sagen, ich lüge auch – das wäre ein Zitat, Plagiat, Bekennertum oder eine bloße Nachahmung ohne Wert. Unser Grundproblem, darüber spreche ich ja eigentlich überhaupt nur, besteht darin, daß sich niemand mehr erinnern kann, wer sich zum erstenmal einen Lügner genannt hat – vermutlich stand *das* ganz am Anfang und nicht die Urhorde. Anfang und Uneigentlichkeit müssen irgendwie zusammenhängen, soviel ist klar, denn unsere Kultur, in der wir ja richtiggehend wie in einem Einmachglas sitzen, geht zu Ende, und alles ist so unpassend und falsch und stimmt nicht, und niemand kann ernst meinen, was er so sagt, sei es bei Bäckern oder auf Podien, aber er sagt es – und wenn überlegt wird, was man tun könnte, fällt einem nur ein, etwas anderes zu sagen, und das bringt einen nicht weiter; also müßte man schweigen, was nicht geht, da man sonst in Gespräche hineingezwungen wird, in denen die anderen uneigentliches Zeug über den Verfall der Gesprächskultur von sich geben könnten; also spricht man eben weiter, so daß es leicht wäre, sich eine Gruppe von Menschen vorzustellen, die ihre Zeit damit hinbringen, über das Glück der Vergangenheit zu sprechen, in der noch richtig geschwiegen wurde, oder über das Glück der Zukunft, über der das Schweigen lächelnd liegt. In zwei-, dreihundert Jahren, vielleicht auch in tausend Jahren – auf den Zeitraum kommt's nicht an – wird ein neues, glückliches Leben beginnen. Es gibt kein Glück für uns, es kann und wird keins geben ... Wir können nur arbeiten und arbeiten, das Glück aber wird unsern Enkeln zuteil werden oder vielleicht unseren Urenkeln. Darüber – über so eine interessante Gruppe von Menschen – könnte man leicht Theaterstücke schreiben. Man aber tut es nicht. Statt dessen, statt still und konzentriert an diesen Theaterstücken zu arbeiten, die niemals zur Aufführung kommen würden, statt die kichernde Flut eigenen Unernstes still und sicher in die Dunkelheit der Tinte und in die blinden Tiefen der Computer zu bannen, wo sie niemanden stören, statt sich an Weltmeeren einsam Steine in den Mund zu stopfen und gegen die Brandung anzuschreien, um die Aussprache zu verbessern – statt all dieser Dinge spricht man darüber, daß endlich Schluß sein muß, daß endlich, nachdem Taten ausbleiben, auch keine Worte mehr zur Absonderung kommen sollten. Geredet wird trotzdem, wogegen nichts als die eigene Rede hilft, die eigene Anrede. Denn der Grundfehler, während man sich in so einer, von den Absonderungen der anderen verunstalteten Außenwelt befindet, wäre es, sich mit überall und hinterlistig angebotenen Schäumchen, die man geschickt kegelförmig zusammengedrückt hat, die Ohrgänge zu verstopfen!

Denn in diesem Fall wird man das akustische Aufblühen aus der Integrität des eigenen Körpers entdecken müssen, in den man versinkt, gebannt von aufgeschwollenen Kratz- und Schubgeräuschen, enormem Räuspern. Man wird auf sich zurückgeworfen, in das Innere gestoßen, das noch schwieriger zu durchschauen ist als die vom Schall verunstaltete Außenwelt: In der Innenwelt sitzt man als das von den Psychologen fieberhaft gesuchte

Selbst. Eine Frucht im Zuckerwasser innerer Feuchtigkeit, deren Tropfen man zuhört, ohne ihm einen tieferen Sinn abgewinnen zu können, d.h. einen Sinn, den man an die Oberfläche bringen könnte, ohne sich insgeheim zu schämen, was man freilich niemandem gestehen muß. Auf diesem Gebiet herrscht allgemein Ernst. *Sichernstnehmen* sagt man ja auch, wenn zwei oder mehr Menschen sich des Ernstes bemächtigen, einer Sache nämlich, die ihnen nicht direkt auf der Hand liegt. Sobald sie anfangen, sich zu unterhalten, bemühen sie sich, ein wirkliches Gespräch herzustellen, in eine wirkliche Beziehung miteinander zu treten; auch dafür gibt es Psychologen. Diese wirklichen Gespräche aber sind uneigentliche, da sie sich entweder um den Ernst der Lage oder um die Lage der ernsten Sprecher drehen. Ein *wirkliches* Gespräch bestimmt sich nämlich nicht durch die jeweils zur Sprache kommenden Gegenstände; die Gegenstände ändern sich, an den Gegenständen darf man nicht haften. Erst das nicht ganz Geschehene, erst das nur Entworfene, Nie-Geschehene, erst das brechende Herz des besseren Mannes und der vernichtete Plan der rettenden Einsicht – das in sich herrliche Nichtgewordene, durch alle Jahrtausende zusammenhängend hinter dem Stückwerk des Gewordenen, ist seine reinste Kost, der Äther seiner Ambrosia und der dünne Nektar des Durstes seliger Geister. Das wirkliche Gespräch bestimmt sich durch die Denker, die nicht zitiert werden, und die Dinge, die nicht zur Sprache kommen, sondern draußen in ihrer Dingwelt bleiben und das Sprachhaus nicht betreten. Die Sprache ist immer die Sprache der Anderen, das Ausgesprochene immer das des Unausgesprochenen, das Zitat immer das des Ausgelassenen. Das Gespräch, über das ich spreche – und das es, sehen Sie, ich bin schlüssig, nirgendwo mehr gibt, weil die Leute die Gegenstände zu ernst nehmen –, bestimmt sich durch seine sich selbst herstellende Beug- und Biegbarkeit, sein wie von selbst Verschwinden und Abtauchen in Zeitüberschreitung, Raumverwucherung und Raumverwunderung und Zeitzerläufnisse: die Gegenstände wechseln, die Ansichten, eines trägt ins Andere, die Dinge zerfallen, stellen sich neu her, und während es bei einer unzuverlässigen Bekannten anfing, endet es bei den existentiellen Spiegelungen literarischer Figurationen im eigenen Leben. Dazwischen vieles und zwischen beiden ein geheimnisvoller Zusammenhang. Man unterhält sich, niemand weiß, wohin die Reise geht und wann sie endet. Die Dinge fügen sich zu Ideen von Sternbildern, und die Sprechenden beginnen zu leuchten von all den strahlenden Sonnen und atmenden Nächten, die Platz nahmen im Gespräch.

Dieses aber findet nicht mehr statt, wir haben ja das Steckbaukastensprachspiel in höchster und vielfarbiger Blüte. Jeder Gesprächsgegenstand müßte auf all diejenigen verweisen, die nicht zur Sprache kommen, aber ausgesprochen werden könnten. Alles wichtige ist abwesend; alles Bestimmende fiel gerade zu Boden, wie eine Münze, die man zu suchen – und eine Schrittfolge damit zu improvisieren beginnt: jede Rede ist immer auch eine Rede an einen abwesenden Freund, ob man sich während der Rede in der Wohnung dieses Freundes aufhält oder nicht; ob die Wohnung leersteht, weil der Freund seinerseits einer dritten abwesenden Person auf der Spur ist oder nicht; ob der Freund davon weiß oder nicht. Und dennoch wird zu wenig verschwiegen, vielleicht aus Sorge vor und Sehnsucht nach dem bevorstehenden Untergang. Diese Sehnsuchtssorge ist die nach dem Ende der Dinge und dem Anfang des Paradieses, und alle, die es vorgeblich so ernst meinen, warten immer noch darauf, daß der Messias, ganz gleich übrigens, in welcher Verkleidung, auf die Erde kommt und all die Verwechslungen, diese ganzen Verwicklungen und Mißverständnisse endlich ein Ende haben werden, diese Unordnung und Uneigentlichkeit der Anderen. Dann wird endlich kein Ding mehr für ein anderes stehen dürfen. Keine auf Papier verteilte Tinte wird länger irgendwelche organischen Verbindungen vorstellen, keine Lautfolge aus viel zu lange schon sprechenden Mündern wird Herrufe bilden und Gedanken – die es dann auch überhaupt nicht mehr geben wird – aussprechen dürfen über abwesende Dinge und Menschen, denn gerade diese Abwesenheiten, an die man dauernd erinnert wurde, brachten einen so durcheinander. Lieber wollte man immer schon versinken in Gras und Baum und Sternennacht. Statt zu versinken allerdings, rasen wir über endzeitliche Autobahnen und achten auf die Seitenbegrenzung und darauf, ob der Lastwagen rechts von uns tatsächlich immer näher kommt, weil sein aus Polen stammender Lenker wahrscheinlich die ganze Strecke durchgefahren und mitsamt seinem Gefrierfleisch eingeschlafen ist und eine Gefahr darstellt; man selbst ist ja auch müde. Aber man fährt weiter, mit dem Gefrierfleisch der eigenen Ansichten, weil man einen Vortrag zu halten hat, weit weg von zu Hause, es ist unerträglich, aber es ist, wie es ist, denkt man sich, ginge es doch zu Ende, hörte es doch auf zu sein, wie es ist. Aber es ist; es ist aber auch alles irgendwie anders, wirft neue Schatten, und während der Reise wandert man in die Sprache, und während des Sprechens kommt alles in Bewegung und wird doppelt und deutet, und jedes Ding und jeder Ort und jeder Mensch hat ein Loch, durch das man auf andere Dinge Orte Menschen stößt. War nicht der Liebhaber von H... aus Polen, aber der war doch Vegetarier?

Man kann ja eine ganze Menge von Menschen treffen. Wo man auch hinkommt, trifft man auf Andere, und jeder von ihnen ist ein Loch, ein Abgrund, eine Seelenlandschaft, hat ein dämonisches und ein englisches Gesicht, wird von mehreren Eigenschaften bewohnt und ist in der Lage, sich zu diesen zu äußern. Die Selbstbeschreibung – und bald gibt es nichts anderes mehr als Selbstbeschreibungen, denn die Dinge fallen durch die Menschen hindurch, ohne objektive Spuren zu hinterlassen – wurde zum geheimen Nachbargrundproblem der Uneigentlichkeit, denn die beiden übersetzen sich ineinander, ihre Grenzen sind fließend, und nirgendwo riecht es verdächtiger nach dem einen als im Umkreis des je anderen.

Wir sind am Ende; am Ende kann man sich auf der zurückgelegten Linie mit unendlich kleiner Krümmung zurechtfinden und die Epochen, die in diesem Ende aufgehoben sind, nachhaltiger Beurteilung unterwerfen, um sich selbst besser zu verstehen, mit dem auslaufenden Faden der Kultur in der Hand, der so dünn geworden ist, daß man ihn ständig verliert und ihn neu einfädeln muß: in der Klassik zum Beispiel gab es offensichtlich noch genug Substanz, um von ihr abzusehen, sie auszuhöhlen und sich als einer von denen zu verstehen, die schon wissen, wie es gemeint ist, aber trotzdem Nachfragen anstellen; Nachforschungen über die, wie sich dann herausstellte, fehlenden Hintergründe; denn *klassisch* bedeutete gelungene Oberflächenbehandlung, und wer von ihr, aufrauhend und kratzend, abwich, hatte oft nichts als blanke und dürre Stellwände aufgetan, so daß die klassische Uneigentlichkeit nur als pädagogisches Mittel am Platze war, von seiten eines Lehrers im Verkehr mit Schülern irgendwelcher Art: ihr Zweck war Demütigung, Beschämung, aber von jener heilsamen Art, welche gute Vorsätze erwachen ließ und dem, welcher uns so behandelte, Verehrung, Dankbarkeit als einem Arzte entgegenbringen hieß. Der klassische Uneigentliche stellte sich unwissend, und zwar so gut, daß die sich mit ihm unterhaltenden Schüler getäuscht waren und in ihrem guten Glauben an ihr eigenes Besserwissen dreist wurden und sich Blößen aller Art gaben; sie verloren die Behutsamkeit und zeigten sich, wie sie waren – bis in einem Augenblick die Leuchte, die sie dem Lehrer ins Gesicht hielten, ihre Strahlen sehr demütigend auf sie selbst zurückfallen ließ. Alle klassischen uneigentlichen Schriftsteller rechneten auf die alberne Gattung von Menschen, welche sich gerne allen Anderen mit dem Autor zusammen überlegen fühlen wollten, als welchen sie das Mundstück ihrer Anmaßung ansahen.

Nachdem die Zeiten so schwierig und die Anmaßungen, und zwar von allen Seiten und ganz unwahrscheinlich vielen und pluralen Seiten, so enorm geworden sind, ist es zweifellos schon längst hohe Zeit geworden, innezuhalten, sich zu besinnen und den Gedanken, die man sich macht, den Raum einer Rede zu geben, in dem die Gedanken wie die Kinder kurz vor Schulschluß sein sollen, unendlich nervös, sehnsüchtig nervös sogar, bis zur Verzweiflung sehnsüchtig, aber sie müssen die Ordnung – die Ordnung der Rede – noch einen kurzen Augenblick ertragen: es wird, daran besteht unter solchen Umständen kein Zweifel, eine Rede über ihr Ende sein. Ihr Glück und ihr Versprechen wäre es, zu enden. Ohne Gegenrede, Besinnungsaufsatz oder anschließende Diskussion zu enden. Ich habe das vorhin schon so deutlich wie möglich gemacht, hatte aber kein rechtes Vertrauen. Denn auf Vertrauen kommt es in ganz unerhörter Weise an. Wie, wenn man seine Rede hielte, die voll von diesen speziellen Gedanken ist, allen in die Gesichter blicken würde, die einen treuen Ausdruck vorweisen, endete – und plötzlich begännen die Gesichter die Gesichter von Redenden zu werden, die ihre Meinungen äußern, um einen in Gespräche zu verwickeln? Was dann, frage ich Sie – aber verstehen Sie meine Frage richtig, und beantworten Sie sie bitte nicht, denn die Zeit ist gleich um, das Klingeln, das Klingeln zur großen finalen Pause, und dann herrscht Anarchie.

Eine der Sphären vor allem, in denen Selbstbeschreibung und Uneigentlichkeit immer wieder gemeinsam kulminieren, ist die des Interviews, das, in verschiedenen Medien auftretend, ein Gespräch, wie man es auf der Straße führt, nachahmen soll. In Interviews äußern Schriftsteller dunkle Sätze wie *Ich schreibe aus einem inneren Bedürfnis* und berichten von ihrer Kindheit. Während alle anderen Kinder spielten, unternahm man selbst ernsthaft durchgeführte Spaziergänge, war frühreif, einsam und überhaupt nicht Kind, sondern in die Frage nach der Aushaltbarkeit eines solchen Lebens in lebenslang angedrohter Einsamkeit verwickelt – das mag alles wahr sein, aber man kann es nicht öffentlich erzählen, ohne einen Witz daraus zu machen, etwas, für das man sich schämt, wenn man der Unterhaltung des Interviews entkommen ist, das die Unterhaltung auf der Straße, auf der man angesprochen wird, nachstellt. Wenn man auf der Straße angesprochen wird, weil eine Verwechslung mit einem aus welchen Gründen auch immer prominenten Filmschauspieler oder Fußballer oder auch Schriftsteller vorliegt, erfährt man erst die Möglichkeiten, die man selbst niemals wird nutzen können, würde man nicht verwechselt, sondern erkannt, was freilich so selten ist, daß man darüber kein Wort verlieren muß –

endlich kann man sich so äußern, wie man es schon immer gern getan hätte, kann brillant sein, kann jede Tiefe – die ein *Un* vorangestellt bekäme, wäre man nicht verwechselt – vermeiden und sich ganz dem Spiel einer endlich wahrhaftigen Unterhaltung widmen, zu der es nicht kommen wird, weil man niemandem gleicht, der naturgemäß auf der Straße und von Wildfremden angesprochen würde; und so hat man, allein und unangesprochen auf Straßen gehend, allen *Grund im Bewußtsein* über seine Kindheit nachzudenken, in der man schon wußte, daß man einsam ist und es immer bleiben würde. Denn solche Gelegenheiten passieren immer Anderen, die sie nicht wirklich nutzen, sondern auf Gedeih und Verderb ihre angebliche Wahrheit an den Mann bringen wollen, den fremden Mann, der sie, während sie, Problemen der Transzendentalphilosophie nachhängend, in einer Fuß*gänger*zone herum*stehen*, um ein Autogramm bittet. Und tatsächlich waren die einzigen Momente, in denen ein über alle Maßen bedeutender deutscher Transzendentalphilosoph und emeritierter Lehrstuhlinhaber sich seiner Popularität bewußt und auch gewiß war, auf weite Bereiche der deutschen Bevölkerung moralisch-sittlichen Einfluß nicht nur zu haben, sondern dies Haben in Form zurückkommender Autogramm- und Segnungswünsche in Evidenz zu erfahren, die Momente, in denen er aufgrund einer schon sehr,

sehr auffälligen Ähnlichkeit mit einem dem Alkohol und den aus diesem resultierenden Charakter- und Moralschwächen verfallenen Berliner Boulevardschauspieler und Entertainer angesprochen wurde, um sein, des entertainerähnlichen Philosophen, zusammen mit dem Ansprechenden koinzidierendes Anwesen und Dasein der Nachwelt schriftlich zu bedeuten. Anstatt aber gegenüber dem Ansprechenden durch eine völlig verblüffende, etwa in Form eines Kurzreferats über die Autorschaft des ersten Systemprogramms des deutschen Idealismus figurierende Tiefsinnigkeit zu brillieren, die einem trunksüchtigen Boulevardschauspieler nicht zuzutrauen wäre, kam es immer wieder zur üblichen Professorenfreundlichkeit, die noch den leichtesten Scherz verpfuscht, indem sie ihn leicht wie ein champagnerpräparierter Entertainer im Fernseh darbieten will. Als dann regelmäßig klar wurde, daß der Entertainer Philosoph war, den man nicht kannte, war die Enttäuschung auf beiden Seiten groß, denn das Autogramm war nichts wert, der Philosoph in keiner Weise ein gefragter Mann, es blieb nur, in Unfrieden zu scheiden, wo so vieles möglich gewesen wäre.

Das Interview ahmt das Gespräch auf der Straße nach und ist deshalb zutiefst künstlich und pervers, während die Gespräche auf der Straße und im tatsächlichen öffentlichen Raum so stattfinden, als handele es sich um erhellende Interviews für die sehnsüchtigen Massen, und deswegen verlogen sind. *Verdunkelung* würde so oft lichten, *Rätselhaftigkeit* ließe alle entspannt zusammenkommen; statt dessen ordnen sich wildfremde Menschen gegenseitig auf andere oder sich selbst präzis zugeschnittene Charaktereigenschaften zu; und bestimmen sich mit jener den Atem des Interviews asthmatisch nachahmenden Weise, die alle nur erreichbaren Eigenschaften und Qualitäten in die Persönlichkeit einatmen will, überhaupt ein einziges Einsaugen dieser Qualitäts- und Eigenschaftsgase darstellt, die man in die Seele nimmt und in der Seele behalten muß, ohne sie wieder ausatmen zu können, und die Seele bläht sich. Und derart aufgebläht, treffen die Menschen aufeinander, ohne die geringsten Schwierigkeiten, von sich zu sagen: »Ich bin ein Mensch, der seine Ruhe braucht, ein Asket, jemand, der die Einsamkeit auf eine Weise liebt, die jede Beschreibung mit Worten übersteigen würde – und zugleich bin ich natürlich auch ein Mensch unwahrscheinlichster sozialer Bedürfnisse; ich brauche Menschen um mich. Selbstverständlich die Einsamkeit, sehr wichtig, ich reise, ich fahre oft monatelang in die allergrößte Einsamkeit, ich brauche das, das ist ein Pol meiner Seele. Aber zugleich brauche ich nichts mehr als Gesellschaft. Wie oft ziehe ich alleine los, durch die Restaurants und die Kneipen, durch alle die Bars, und spreche mit vollkommen Fremden, streite mich mit Menschen, die ich nie gesehen habe, nie wiedersehen werde. Ich brauche den flüchtigen, aber intensiven sozialen Kontakt. Sehen, sich lieben, sich trennen. Zugleich aber pflege ich intensiv familiäre Umgangsformen, ich brauche Vertrautheit und Nähe, brauche schweigendes Zusammensein bei den einfachsten Verrichtungen, Partnerschaft, die, ohne alle Extreme auskommend, die einfachen Wahrheiten verkörpert. Das Leben – ein langer ruhiger Fluß, den man zusammen in einem einfachen Boot überquert. Die Weisheit der Väter. Und zugleich die unwahrscheinlichste Lust auf die Begegnung an Wasserfällen, ich brauche die Katarakte des Intellekts, ich brauche die Gefährdung, das existentielle Sich-selbst-Riskieren in einer Zone am Nullpunkt jedweder Vernünftigkeit. Nietzsche. Der Cusaner.«

Nicht nur die Engel bleibe, sondern auch das *Ich* bleibt Problem. Am *Ich* irre geworden, greifen Vereinzelte immer wieder zum *Körperaufbruch,* zu Neurologie und anatomischer Atlantenweisheit – Hirnfasern sind die Fäden, in deren Gewirk das lästige Bewußtsein eingeschnürt und desavouiert werden soll, wahrscheinlich weil es solche Umstände macht, so bieg- und beugbar ist, und nichts merkwürdiger als ein beständig *Sichselbstdurchdenkendes*. Aus den jeweils aufgebrochenen Körperöffnungen bricht Licht – ein schwacher Schein, dessen glimmen die Buchstabendürre vergessen macht, dies Bewußtseinsgefummel; dabei ist es dem *Bewußtsein* egal ob sein Grund Neuronenkomplexe in Schädeln sind – oder ein stehengelassener Rahmjoghurt, dessen Schimmelkulturen sich ein *Ich* vorgaukeln: deshalb bleibt es ja auch schwierig, denn wer wäre schon gerne die Funktion sich zersetzender Milchprodukte? Man selbst ist ja doch die höchste, überragende Koryphäe, der eigentliche reisende Pionier auf einem Forschungsgebiet, in das noch nie jemand einen Fuß gesetzt hat: des eigenen Selbst, der inneren Wüsten und Gebirge, mit all den Abgründen vor allem, den Flußlandschaften und gezackten, dräuenden Gewitterwolken, deren Ballungen jene verdüstern, um finale Stürme und unbeschreibliche Klimastürze auszulösen; Sie erinnern sich gewiß daran, wie Sie vordrangen auf dieser Forschungsreise, todesmutig, allein der Wissenschaft verpflichtet, deren Begründer und einzig ernst zu nehmender Vertreter Sie übrigens sind, sich an Seilen, aus unzähligen unbeschreiblich dünnen *Fäden* gesponnenen Seilen schwingend und Steilwände bekletternd, Ströme durchwatend, vordrangen, zu Entdeckungen, die keines Menschen Auge je zuvor gesehen hat noch je wiedersehen wird: Höhlen entdeckten Sie, mit ganz präzisen, gleichsam stilbildend-archetypischen Malereien aus Jahrtausenden – buntbedeutsame Herden urzeitlicher Huftiere, blaue Pferde; wilde Stämme talartragender Dämonen; Feste auf Hügeln und in kristallenen Palästen, auf denen schwefelriechende kleine Teufelchen mit nuttigen Hexen – oder umgekehrt, meine Damen – Tänze ritten, denen man atemlos zusah, den Zeichenblock in der Hand, um die Schrittfolgen, so gut es ging, aufzuzeichnen; Tempel toter Götter entdeckten Sie sowieso. Warum aber ist es so, daß man beim Versuch – etwa, um einer gesellschaftlichen Konvention zu folgen –, einige präzis formulierte Ergebnisse seiner Forschungen zu präsentieren, vom braungebrannten oder hochsubtilen Forscher, der seine Entdeckungen oder die Früchte seiner feinziselierten Gelehrsamkeit in inneren Monologen und Aufsätzen aufgezeichnet hat, zum halbtauben, erblindeten Greis mutiert, dessen zwischen Rinnsalen von Sabber hervorgestoßene Laute einzig und allein sein langjähriger Assistent versteht, der aber vor drei Stunden aus dem Raum gegangen ist, um Zigaretten zu holen, und merkwürdig lange ausbleibt. Warum nur? Warum ist dieser Assistent verschwunden, dieses so dringend benötigte Hilfswesen, das mit dem Verständnis und der Zurückhaltung einer minderen Begabung, die, gerade groß genug, um ein wenig Übersetzungs- und

Bewunderungsarbeit zu leisten, seit Jahren im lichten Schatten des Meisters steht? Das Verschwinden des Assistenten, meine Damen und Herren, scheint doch irgendwie mit der Uneigentlichkeit in Zusammenhang zu stehen; vielleicht können Sie mir zustimmen, wenn ich sage: der Assistent ist wahrscheinlich zum Anfang, zum Ursprung aufgebrochen – dort ist er, aber dort kommen wir nicht mehr hin, dort sitzt er und raucht seine Zigaretten, aber wir sind doch alle Nichtraucher seit ein paar Jahren und können diesen Qualm nicht ertragen.

So führen die hilflosen Versuche, die Abenteuer des eigenen Innenweltdschungels zu beschreiben, seine Lianen und Seile, zur Herstellung verbaler Außenweltdschungel – erneut wird ein Seil benötigt. So ein Seil aus Fäden ist eine merkwürdige und ausgesprochen wandlungsfähige Sache, meine Damen und Herren; jeder Satz zum Beispiel ist ein Seil aus Wortfäden, andererseits ist jeder Satz aber auch nur ein Satzfaden in einem anderen Seil, im Seil einer Rede etwa; die Rede ist aber wiederum, über einen bestimmten Zeitraum an einem bestimmten Ort geführt, was wohl, fragen Sie mich?: natürlich ein Faden im Öhr der jeweiligen Zuhörer, durch deren Bewußtsein sich der Redefaden während der Rede schlingelt und schlängelt, um der Einflüsterungen willen und verschiedener Bilder, die der produktiven

Einbildungskraft entstammen. Unsere Kultur ist ein Dschungel, die Vertreter dieser Kultur – das sind in unserem Fall ja wir, ich kann das überhaupt nicht oft genug sagen – sind unter Halbaffen in Dschungeln ausgesetzte Söhne englischer Aristokraten. Aber wir haben gelernt, die Unwägbarkeiten des Urgrunds auf dem Dschungelboden durch das Schwingen an den Seilen zu umgehen – lassen Sie uns den Blick kurzfristig auf eben diese erhabene Szenerie richten: das Hin- und Her-Schwingen der Gegenwärtigen Europas am Ende des 20. Jahrhunderts; die Gegenwart als Warten auf die Erlösung durch das endliche rettende Eintreffen einer Forschungsgruppe fremdländisch-zivilisierter Ethnologen; das Schwingen mit den Seilen unserer Reden und Besinnungsaufsätze, die Schreie und Rufe der Lords hinter den Masken der Urwaldmenschen, während sich am Grunde Schlangen tummeln. Die Schlange, die Schlange beißt sich ja bekanntlich in den Schwanz – dieses Bild der sich in den Schwanz beißenden Schlange erinnert ja wiederum an das Bild des Fadens –, und jedes Bild überhaupt ist ja, wenn man es so nimmt, auch nichts anderes als ein aus den Fäden der Erzählungen, der Metaphern und den immerfort sich einstellenden Assonanzen, Anklängen und Endreimen gewebtes Geflicht – schlierende Algen, zerschlissene Netze, zerdröselte Taue trunkener

Schiffe auf den großen, von Treibstücken gekreuzten Passagen des empirischen Ozeans; oder ein Gobelin mit heroischer Szenerie, wenn Sie so wollen. Zugleich ist ein Faden auch ein Leitthema, ein Leitfaden, eine Prospektierung, entwerfendes Hinabsteigen und Eintauchen in den stammelnden Mahlstrom des Materials; die präzise Route in den Verwerfungen unserer uneigentlichen, polyphonen Reise.

Die Reise ist wirklich, die Rede ist imaginär – oder vielleicht ist es doch anders, und die Rede ist da, und unsere Bewegungen sind ein Wahn, ein Traum, ein Schelmenstück? Allerdings währt die Rede (oder die Reise?) schon so lange – und wir können uns nicht mehr erinnern, wann sie begonnen hat; wir sitzen nur einfach schon so lange vor diesem Redner, dessen Tonfall sich ständig ändert, auch die Sprache der Rede ändert sich laufend, worum es geht, weiß niemand, es ging schon um so viel, immer um anderes. Die Zuhörer wechseln wie die Redner, und die neu Hinzugekommenen werden von denen, die schon länger da sind, kurz mit flüsternden und manchmal zerstreuten und undeutlich abschweifenden Worten in den augenblicklichen Gegenstand der Rede eingeführt – weit entfernt vom Rednerpult, das schwankend und mit jener innen und außen so leicht durchmischenden Ungreifbarkeit vorne steht: wo ist sein Rand, sein endenbegrenzendes

Rund? Stühle werden geräumt, wieder eingenommen. Aber auch die Redner wechseln, unmerklich. Immer wieder nicken die Zuhörer ein, träumend, im Schlaf, im Traum eines Irren oder Gottes die Gestalt erwägend, die sie selbst sind, die träumt zu träumen und träumt aufzuwachen, leise murmelnd, flüsternd von seinen Traumgestalten vagen Laut gebend, zarte Andeutungen oder Prophetie, während die Stimme des Redners spricht, die Stimme des Redners fortfährt zu sprechen. Andere Zuhörer wachen, die Hände auf den Knien halten sie sich wach, bleiben schlaflos, jeden Gedanken an Schlaf durch die Konzentration auf die Rede bannend, den Kopf in die Hände gelegt, jedem Wort seinen Sinn abjagend, seine Bedeutung und seine Weise, wirklich zu sein. Wieder vollkommen andere gehen ihren Beschäftigungen nach, manche haben auf einmal Gemüsestände oder stehen an einer Ecke mit ihrem Handy, eine Nummer wählend, die unaufhörlich besetzt ist. Und während der eine Teil des Saals in Dunkelheit liegt, die Schläfer bergend, die immer wieder erschreckt hochfahren, denn die Stimme des Redners dringt in undeutlichen Fetzen in ihre Träume, fällt durch die hintersten Fenster bereits das Licht anbrechender Morgen; diese Fenster der Rede ermöglichen andere Ausblicke, auf gepflasterte Plätze, auf denen die Stimme des Redners nur noch als Echo zu verstehen ist, die Fenster stehen auf, und plötzlich sind wir, der helle Aufbruch in den Bildern der Rede, in einem milden Klima. Wir sind dort, wo wir die ganze Zeit sein wollten. In der Stadt, nach der wir solche Sehnsucht hatten, seit wir in einer anderen den immer gleichen Peinlichkeiten ausgesetzt sind. Eine italienische Stadt an einem träge schwappenden Meer. Ein Vulkan, tatsächlich, auf den Strand des Meeres zulaufende Promenaden, auf deren Bänken die Pensionäre halbertaubt der imaginären Stimme des Redners, die wir selbst kaum mehr hören können, zu lauschen versuchen. Überall Kirchen, Kirchplätze, von den Schatten der Kathedralen gemilderte Pflaster, die Kathedralen, über denen sich die inzwischen hochstehende Sonne in ihr Inneres gießt, durch das bunte, fast zerbersten wollende Glas ihrer Kuppeln in ein immer diffuser werdendes Dunkel einstrahlt, in der vergessenen Sprache gestorbener Götter, über deren Ableben und unwahrscheinliches Fehlen die Stimme des Redners spricht, sich vermengend mit den gelallten Mutmaßungen der verbliebenen Priester, und der Weihrauch wird nicht weniger, und manch einer der Meßdiener fällt in berauschte Ohnmacht, schlägt nieder; die Menge der Betenden und die Gesänge der Priester und die Stimme des Redners vermischen sich in seinen Weihrauchahnungen, blinzelnd treibt er – die Backe auf der Kühle sakralen Granits – durch den Fiebertraum Neapels ... Geräusche von Tauben, aufstiebende Wolken sich brechender, verhallender und zurückgeworfener klatschender Schallfälle, Kaskaden im mandelbitteren Schatten der Straße ... Kumulationen, oft noch im Unbestimmten sich haltende, zu allem möglichen offene Ballungen, Katastrophen der Erscheinung. Prozessionen von Möglichkeiten der Zelebration aller erdenklichen Heiligen im Singesinggesang eines wuselnden, vielleibigen Haufens von durch alle erdenklichen körperlichen Leiden verstümmelten Weiblein – fett oder dünn, ganz nach Belieben –, verbuckelt oder krummbeinig hinkend oder wunderschön, nur mit blutenden, irgendwelchen blutenden Körperpartien, verborgen hinter schwarzen, wallend sich plusternden – Meerwind vom Golf –, segelgleich geblähten Tüchern, die eben die Gasse hochkommen könnten, Gewalle des Gesangs, der Geräuschmischungen der Vögel und des Verkehrslärms und der raunenden Menge, um sich in Plätze der Stille zu ergießen, verdampfend wallend, zerlaufend in das Bleibende spielender, mit sich spielender Züge der Möglichkeiten, der Menschen und ihres Verbleibens, Verschwindens in düstren, unerhellten Gassen, in denen es die Eröffnung einer Trattoria gibt, in der die Kellner in Wahrheit Tenöre sind und voller Verachtung bedienen, unsinnige und unsingbare, nichtexistierende Partien memorierend, und die Gesten dazu, um den dramatischen Erfolg zu sichern, vor den Rängen der seufzenden Frauen auf den ehemals verkehrenden, jetzt schon lange ertrunkenen luxuriösen Schiffen, die Geheimnisse der großen Fahrt eröffnend, ins Weite, ins Offene, in die Helligkeit der Suche. Meerdurchspülter Traum von den Geräuschen der Reise, in die man sich zurücksehnt, in ihren Staub, ihre bewegten Landschaften und wechselnden Sprachen, in die versäumten Liebesnächte und verpaßten Gelegenheiten, die in den todmüden anderen Träumen enden, sich einfügen, parlieren und die Absichten des Vulkans in einem singenden Zug umschreiben, diesem Zug, der sich formiert, verschwindet, sich, um Ecken biegend, fort aus Plätzen windet im unsichtbaren Nahen weiter Anwesenheiten und sich zerstreut in die Formen (die Unformen! Schweig!), die reinen Möglichkeiten auf der Gasse, in den Schallfällen des bleibenden Geräuschs, die Wunder im Süden der Reise, in der fast schon afrikanischen Stadt, dem Scheitelpunkt, von dem die Stimme des Redners spricht, fortfährt zu sprechen, die ganze Nacht.

Sein augenblickliches Thema allerdings ist die Uneigentlichkeit, in deren Umkreis vorhin die Rede davon war, daß früher nur die Lehrer uneigentlich sein durften, um die Schüler zu unterweisen; heute ist es oft so, daß die Schüler uneigentlich sind, wenn sie etwa von Schmerz sprechen, den man wieder etablieren müßte, um den Unsinn amerikanischer Lebensart und von Abenden, die sinnlos vor Fernsehgeräten verbracht werden, kollektiv verständlich zu machen; auch von Opfern geht die Rede und davon, daß man Abschlachtungen, bei denen naturgemäß Blut fließe, das sich seiner selbst dann aber bewußt wäre, ritualmäßig verstehen könne, wenn man nur wolle. Die meisten wollten aber nicht, und das wäre der Fehler, den es, etwa durch Abschlachtungen, aufzulösen gelte; soweit die Schüler, die von den während großer Abschlachtungen entwickelten, Theorien ihrer Lehrer nichts lernen wollten und damit uneigentlich geworden sind und ihre Lehrer bloßstellen. So wie man oft träumt, sich nicht auf seine Füße erheben zu können oder sich zu verirren, in einer Predigt steckenzubleiben oder aus der Vergessenheit statt der Perücke in großer Versammlung eine Nachtmütze auf dem Kopfe zu haben oder daß man in der Luft nach Belieben hin und her schweben könne oder im fröhlichen Lachen, ohne zu wissen warum, aufwache.

Selbstverständlich ist als junger Mensch zu leben kein bloßes Vergnügen, und natürlich gibt es Wendungen, in denen das Sprachspiel die Sprache des Bösen wird und mit tausend teuflischen Zungen aus einem zu sprechen beginnt, und es gibt die wirkliche Verzweiflung darüber, dazusein, dableiben zu müssen, mit diesem schweigenden – und allzu leichtgenommenen – Rest, um den man die Wortverwicklungen herumbaute, sorglos, ein bewohnbares Bauwerk, ein Gartenlabyrinth erschuf, in dem man immer unter heiteren Gefühlen lustwandelte, bis man dann gelegentlich nicht mehr herausfindet und die lichtdurchfluteten Fluchten, voll Spiegel und Kristall zu düsteren Treppenhäusern werden. Jede Tür führt in einen dämmrigen Raum, in dessen Dunkel Dämonen flüstern und Hinweise auf die aussichtslose Lebenslage in diesem wie in jedem anderen Raum geben, diesen selbstgezimmerten Räumen voll sorglos mitgenommenen Fundstücken, denen heimlich Ungeziefer entkriecht, tappende, nicht zu entziffernde Spuren hinterlassend. Nichts bleibt als sich selbst zu verachten, daß man so dumm war, obwohl man wußte, daß es gefährlich ist, wahllos alles mitzunehmen, was so herumliegt. Und natürlich will man fort aus diesen Räumen, aus dieser Subjekt- und Bilderschale, aus diesem *In-sich-gesperrt-Sein* ausbrechen, aber zu jedem Ausbruch braucht man die Basis des Gefängnisses, das man so verlängert und umbaut, es geräumiger macht, neu fliest und mit frischen Sinnsprüchen bedeckt. Es ist unaussprechlich, ist nur im Dämmer bleibendes Schweigen, mehr kann man nicht sagen, und es gibt nicht genug Ernst dafür in den ernstgemeinten Worten, sie reichen nicht mehr hin, sind eine Farce.

Die zeitenüberdauernden Reiseaufzeichnungen von Anderen können hierbei immer wieder zu Lösungen führen. Nichts nachhaltiger als in diese durch die intimen, mittlerweile sogar als Taschenbücher an Kiosken mancher Untergrundbahnhöfe feilgebotenen Aufzeichnungen aufgespannte Sphäre einzutauchen, in der die rationale *Maske des technischen Zeitalters* gelüftet wird. Das technische Zeitalter erscheint z. B. in Form eines RER-Zuges Richtung Orry-la-Ville (Großraum Paris), den man überhaupt nicht zu nehmen beabsichtigt, dessen Einfahrt in den Bahnhof unter den dahintreibenden dehumanisierten Oberflächenwellen einer Großstadt der westlichen Welt am Ende des 20. Jahrhunderts man genau aus diesem Grund, weil man eben gerade nicht einsteigen will, weil man eben gerade auf einen Zug Richtung Grand Arche de La Défense wartet, mit jener enthobenen, passiven Verblüffung betrachten kann, wenn man den Blick aus den intimen vom Deutschen ins Französische übersetzten Blättern des Meisters nimmt, um ihn auf seine, fremd gewordene, Umgebung *zu werfen*, diese Umgebung mit einem großen Metallwurm, der sich *Eingeweide* zunutze macht und an der plötzlich das wahre, durch und durch magische Antlitz der Moderne zum Vorschein kommt, um sich in dem versunkenen Gesicht eines in diesem Zug sitzenden Menschen zu *entzeitlichen*, der aus irgendwelchen und meisterlicher Analyse würdigen Gründen an eine Breughel-Gestalt erinnert oder zu erinnern *scheint* – gerade dieses *Scheinen* ist doch bedenkenswert, dieser *Her-Schein* einer solchen unzeitgemäßen in einer Bahn Richtung Orry-la-Ville sitzenden Figur, eines Menschen, an dem etwas heraussticht, irgend etwas verdächtig wirkt. Irgendein Glied, ein Körperteil, das merkwürdig unabweisbar herausragt. Wie eine große verquollene Nase, das einzig Bleibende von der sonderbar gewordenen Gestalt eines Menschen, der vielleicht leitender Angestellter einer Textilfabrik ist, mit einem alle seine anderen Eigenschaften und Qualitäten so emblematisch wie ein metaphorischer Schwamm aufsaugenden Körperteil, das den dieses plötzlich wie ein Horn besitzenden Menschen aus der Gegenwart in anderen Zeiten, anderen Stimmen, anderen Räumen sitzen läßt: ganz so hebt sich die Maske des technischen Raumes, und das ist berückend, denn während sie sich hebt, versinkt man selbst – es ist so, als wäre die rationale Maske des technischen Raumes, die Geschäftigkeit dieser seltsamen Ameisenwelt – wie sehr ist man doch selbst Ameise und als Ameise beschreibbar, für die, die uns beobachten bei unserer Beobachtung – ein

Gerüst, in dem man die Tage über hangelt; die verstrebte Struktur einer durchaus hybriden Lebenswelt mit ihren Botschaftern aus scheinbar versunkenen Tagen in Angestelltentarnung, eine strahlende Fläche, deren Sichheben – durch Tieferdringen des Blicks – man so erlebt wie beim Baden im See, wenn man toter Mann spielte, um sich plötzlich, luftablassend, nach unten sacken zu lassen, der sich entfernenden Oberfläche nachblickend, auf der das sich brechende Spiel der Sonne liegt, mit ihren Andeutungen und Prismen und diesen ganzen Geschichten – und dieser Sonnenlichtbruch, das glasig werdende obere Wasser und die Stille, die einen umfängt, erfüllt von der Fremde des eigenen Herzschlags, den man ganz vergißt in den Großstädten, dieses so unpersönlichen Kreislaufs samt Blutzirkulation, der man ja irgendwie *ist* – ganz so hebt sich diese Maske, und man sieht ihr nach, denn sie bedeckte auch einen selbst.

Und dann, nach der Reise, einige Zeit später, wieder zu Hause, nach solchen Erlebnissen bei einem bloßen Warten auf eine banale Pariser S-Bahn, die übrigens im zuverlässigen 20-Minuten-Takt verkehrt und schon deshalb an sich kein *so* elementares Erlebnis darstellen *kann*, hört man zufällig die Stimme des Meisters von vor zwanzig Jahren im Radio, die auch nicht jünger geworden sein dürfte. Man hört einen

Greis mit Rentnerstimme die Rede von Titanen führen, die da, *im Untergrund* schmiedend, ja schmiedend, am Machen wären, als spräche der Bewohner eines komfortablen und exklusiven Altenheims über die beachtlichen Leistungen seiner Enkelkinder beim jüngsten Kreissportfest, wo es sogar Ehrenurkunden gegeben hätte, mit Unterschrift des Landrats – und man wünschte so sehnlich, man hätte diese Stimme nie gehört, denn sobald jetzt von Titanen die Rede geht, denkt man an den leitenden Angestellten einer Textilfabrik, der in den Schubladen seines Schreibtisches Titanisches verbirgt, und man kann nicht an sich halten zu kichern, ein bißchen zumindest zu kichern, obwohl man früher versunken und ergriffen war und es so gerne geblieben wäre, aber man kichert, denn alles ist einem so porös geworden und kitzelig.

Die final-intrikate Durchlässigkeit der abendländischen Kultur am Ende des 20. Jahrhunderts zeigt sich immer wieder, vor allem dann, wenn von Mitgliedern dieser Kultur zum Beispiel Japaner beobachtet werden, wie sie herausragende Güter dieser Kultur gruppenweise beobachten. Dann werden Gedanken entwickelt bzw. Einschätzungen vorgenommen, Pläne entworfen. »Die Japaner sind auch blöd«, sagte ein Bekannter. »Wenn ich Japaner wär, würde ich nicht hier rumstehen und den Reichstag anschauen, der is eh superschiach. Ich würd mir einen Superjob in Japan suchen, zwei, drei Jahre unglaubliches Geld machen, und dann ab nach Portugal; was meinst du, wie lang ein Japaner mit denen ihrem Einkommen in Portugal leben könnte? Wie im Paradies, praktisch für ein Trinkgeld, in Japan is es eh so teuer alles; und außerdem is es in Portugal eh super, den ganzen Tag in der Sonne, verstehst?« Er selbst war ein Niederösterreicher, in Berlin als Makler tätig. »Weißt du, was in Tokio der Meter Grund kostet? Da kriegst du hier ein halbes Haus dafür. Aber die Trotteln, denen is net zu helfen.« Er – so überlegte ich mir seine Gedanken zu Recht – als Japaner und Nicht-Niederösterreicher würde die japanischen Verhältnisse als Anweisungen für die europäischen verstehen; würde frönen in der Kommunikabilität und den Reimen des Dollars. Ihn würde es überhaupt nicht wundern, wenn die japanische Nation sozusagen Japan verkaufen würde, um dann sorgenfrei in Portugal zu leben, von den Zinsen allein. »Die Steuer is auch viel weniger in Portugal.« Vorteile über Vorteile, wenn man als Japaner mit niederösterreichischem Bewußtsein auf die Welt gekommen wäre; dazu aber ist es je schon und immer schon zu spät gewesen. Überhaupt ist der Spaß zu Ende, der Redner mit seinem Latein am Ende.

Was man jetzt braucht, sind Visionen, die üblicherweise von Visionären geleistet worden sind. Wie aber gar die Poeten dazu *kamen,* sich auch für begeistert (oder besessen) und für wahrsagend (vates) zu halten und in ihren dichterischen Anwandlungen (furor poeticus) Eingebungen zu haben, sich berühmen konnten, kann nur dadurch erklärt werden: daß der Dichter, nicht so wie der Prosenredner, bestellte Arbeit mit Muße verfertigt, sondern den günstigsten Augenblick seiner ihn anwandelnden inneren Sinnesstimmung haschen muß, in welchem ihm lebendige Bilder und Gefühle von selbst zuströmen und er hierbei sich gleichsam nur leidend verhält; wie es denn auch schon eine alte Bemerkung ist, daß dem Genie eine gewisse Dosis von Tollheit beigemischt sei. Hierauf gründet sich auch der Glaube an Orakelsprüche, die in den blind gewählten Stellen berühmter (gleichsam durch Eingebung getriebener) Dichter vermutet wurden; ein dem Schatzkästlein der neueren Frömmler ähnliches Mittel, den Willen des Himmels zu entdecken.

Der Dichter als Deuter, mit langen schweigenden Pausen, in denen man die Atmungen des Äthers zu vernehmen glaubt und des Senderaums, in den hinein der Dichter deutet. Hinter Glasfenstern und Glasräumen, in denen die Techniker sitzen, einen Vortrag haltend über die Verehrungen des technischen Zeitalters, die Vereinsamungen und bleibenden und dauernden Schäden, die angerichtet werden, und zwar ganz zweifellos – dann geht der deutende Dichter nach Hause, wo er den Anrufbeantworter abhört –, endlich steht das Hamburgprojekt, und er trinkt vor dem Schlafengehen noch große Wassergläser nicht zu verachtenden Cognacs, nimmt eine Zigarette nach der anderen, noch ein Wasserglas Cognac – so dämmern sich um ihn herum die Dinge in die Nacht. Der Dichter aber sammelt seine Kräfte – noch einen Schluck, einen kleinen Zug –, um ihnen bald ihr Eigenstes zu sagen, er geht schlafen, denn morgen muß er nach Hamburg, um sich zu äußern, gegenüber einem Gesprächspartner, dessen Stimme auf dem Anrufbeantworterband war, dessen Stimme ihn ruft, dessen Stimme ihn mit sich nehmen wird und den Raum bereiten für immer zunehmendere Deutungen.

Ich weiß es auch nicht. Alles, was man tun kann, ist aufbrechen – und ich meine das im Pathos des nie zu schaffenden, nie zu bewerkstelligenden Aufbruchs, die Alpentäler zu überqueren, die uns übermächtigen und deren Schluchten alleine den *Söhnen der Sonne* keine Angst einjagen. Aufbrechen – in die Dialoge der Verkehrssysteme, in die Einsamkeit unserer uneigentlichen Reise, nicht allzu traurig vielleicht, und vermeiden Sie, wenn möglich, ein Tagebuch zu führen, und wenn es denn schon ein Tagebuch sein muß, veröffentlichen Sie es vorerst nicht, und nehmen Sie die Masken mit, ohne allerdings zu sehr darauf hinzuweisen, daß es Masken sind, wir alle wissen, daß es Masken sind; erheben Sie sich, und brechen Sie auf.

Die Langeweile
oder
Warum ich keine Freunde habe
die sich dessen bewußt wären

Eine Aufmunterung

»Ich hört' es stöhnend zittern
über fünfzig Meilen:
Des Mahlstroms zähe Gier,
den Wasserstier in Brunst;
Ich wünschte, Läufer an den Bläuen,
die verweilen,
Europa mir zurück, der Zinnen alte Kunst.
Getauft mit eurer Sehnsucht, Wogen,
kann ich nimmer
Dem Baumwollfrachter auf
die Wasserfurche sehn;
Vom Blick des Kerkerschiffs entsetzt,
ein freier Schwimmer,
Will ich dem Stolz der Fahnen
aus den Bahnen gehn.«

Arthur Rimbaud, Das trunkene Schiff

Europa, das untergehen, aber nicht zum Ende kommen will, hat sich erwärmt und zieht sich hin; es ist brühwarm und langweilig geworden, und seine Bewohner bedürfen einer kleinen kühlenden Aufmunterung, wo immer sie sich auch befinden mögen: Trennen wir uns, und bleiben wir, wo wir sind! Statt dessen gehen sich die Menschen in dieser Langeweile, aus der uns nichts mehr erlösen wird, gegenseitig so sehr auf die Nerven, daß sie – innen und außen aus dem Koffer lebend – gezwungen sind, wegzufahren, um sich von den unerträglichen Beziehungen loszuzurren, in die man sich im Laufe der Zeit immer wieder und auf eine Art, deren ewig vorhersehbare Gleichartigkeit jede neue Bekanntschaft mit dem unangenehm ranzigen Duft des *Déjà vu überhaupt* befleckt, in träger Zeitlupe stürzen sieht; das Verhängnis lauert im Zufall derselben Richtung, die man einschlägt, um endlich fortzukommen: man kann nichts dafür, man steht herum, schwitzt, und plötzlich hat man doch wieder jemanden an seiner Seite, der nichts dafür kann und einfach nur schwitzend herumstand, und das Widerlichste ist das Bewußtsein, daß der andere einen selbst an seiner Seite hat und daß man so durch die Öde der Tage treibt, zusammen, zusammen, obwohl man sich danach sehnt, endlich aufzuatmen im Verlassen, weil man die Langeweile der anderen nicht erträgt, in deren Rudel einen die eigene

Langeweile trieb. Dabei bräuchte es nur einer gewissen Aufmunterung, um sich endlich den Rücken zu kehren und aufzuatmen.

Vor die Langeweile Europas im hitzetriefenden letzten Sonntagnachmittag, dem – das ist das Ende ohne Aufhören – kein Werktag folgen wird, sind die Menschen wie vor das einschlägige Letzte Gericht gestellt, an dem diese gewissen Richter aber schlaftrunken sitzen, ihre Fingernägel musternd, infernalische Fliegen umsirren sie, es ist zu heiß, zu heiß. Schwierig, ein wenig die Atmosphäre zu verbessern, ein wenig aufmunternd aufzulockern, ohne von den Wellen der Auflockerung, die anderen gelten sollte, erfaßt und in eben dem Medium erstickt zu werden, das man nutzen wollte, um andere – in dieses hineingelockt und zur Besinnung gebracht – loszuwerden und in den Schatten zu gehen; einmal beobachtete ich in Nizza, wo ich für einen von lallendem Hitzewahnsinn berstenden Nachmittag im Zuge einer längeren Reise Station machte, eine ältere, mir in freundschaftlicher Erinnerung gebliebene Frau, die – mit Hilfe der Integrität ihres Leibes und der deutlichsten Aussprache einzelner signifikanter Worte der französischen Sprache – einer zunächst noch kleinen Gruppe von japanischen Touristen bedeuten wollte, daß es sich bei den vor ihr Haus gestellten Tischen *nicht* um die gastheischenden Tische eines Bistros, sondern um ihren – der Schwitzenden – Familientisch handele, an dem folglich auch bald mit dem Eintreffen der Mitglieder zu rechnen sei. Sie – die Japaner – sollten gefälligst ein wenig die Straße hinuntergehen, dort gäbe es genug Bistros, dort könne man sich unterhalten; sie ereiferte sich, zeigend und deutend, so sehr, daß jeder Fremde das für eine besondere Attraktion der Wirtin halten mußte und, zunächst staunend stehenbleibend, sich auf der Stelle zum Studium der südfranzösischen Art an die Tische der Gestikulierenden zu setzen wünschte, so daß sich den fotografierenden Japanern bald Amerikaner, Finnen und grobschlächtige Tiroler in glotzender Begeisterung anschlossen.

Auf eben dieser Reise, nachdem ich die in schneckenschleichender Debilität versinkende *Côte d'Azur* über das verfallende Genua in Richtung Mailand verlassen hatte, wo es auch nicht länger auszuhalten war als für die Zeit der Entscheidung, nach Florenz weiterzufahren, machte ich die Reisebekanntschaft einer zufällig reiner Ereignislosigkeit enttauchenden jungen Frau, d.h., sie kam, wie sie mir nölend mitteilte, aus Zürich. Ein mir übrigens bedauerlicherweise bekannter und – als wäre er eingeölt – haptischen Haß in mir provozierender Ort, dessen unbeschreibliche Langeweile schon Züge von Transzendenz hat, ein mystisches, jeden aus ihm glücklich Entkommenen mit einer Aura umgebendes Vakuum, einer Aura, die man nicht beschreiben will. In Zürich kam es etwas davor übrigens zu einem zeitweiligen Zerwürfnis mit einem alten, angeblichen Freund. Wir waren gemeinsam in Richtung Irland aufgebrochen, verbunden durch die Abscheu vor der Tristesse der bayerischen Provinz, in der unsere Jugend uns beide gebannt gehalten hatte. Ihm konnte es offensichtlich nicht langsam und gestreckt genug gehen bei dieser endlichem Atemholen in Zeiten großer Hitze vergleichbaren Reise – je schon hatte ich ihn verdächtigt, ein *heimlicher* Handke-Leser zu sein, aber wie er dann wirklich mit dem Griffel seiner Erlebnisträgheit auf den Seiten unserer gemeinsamen Tage kritzelte, trieb mir den Panikschweiß aus den Poren; als er mich am Zürcher Hauptbahnhof über eine Stunde warten ließ, um Zigaretten zu kaufen, auf deren Genuß wir uns während der unerträglichen Wartezeit bis zum sich immer mehr verspätenden Anschluß nach Paris besinnen wollten, war das träge Maß voll, und verbittert, zugleich aber so wohltuend von den lästigen Freundschaftspflichten erlöst, deren Bande seine Unverschämtheit gelöst hatte, schwieg ich bis Calais, träge träumend, mich von ihm zu trennen – dazu aber kam es erst bei der Rückfahrt, an der Gare de l'est in Paris, obwohl ich, damals noch des Französischen unmächtig, doch so dringend seiner Übersetzungsarbeiten bedurft hätte und einen ganzen Tag höchst gefährdet am Bahnhof verbrachte, von Phantasien gepeinigt. Kaum steht man nämlich an Bahnsteigen, fühlt man sich irrgehend odysseusähnlich in der so warmen Unterwelt von Schatten umgeben, von den herangelockten Ehemaligen, den Gedächtnis- und Traumbewohnern, seien sie einer bewußt herbeigerufenen Vorstellung entstiegen oder Figuren irgendwelcher sonstiger durch Duft, Geschmack, Melodie oder Farbe eines *Dings* hervorgezauberter *unwillkürlicher Erinnerung* geschuldeter Epiphanie, die sich nichtsahnender Passanten bedient ...

Der zufälligen Reisebekanntschaft aus Zürich erklärte ich, daß ein gewisser französischer Schriftsteller, der, nach dem Wort eines gewissen russischen Schriftstellers, Ratten aus reiner Langeweile mit Stecknadeln zu Tode zu quälen pflegte, seinen Lesern einmal den Hinweis gegeben hatte, daß es – um Zeit zu gewinnen – günstig wäre, eine Reise zu unternehmen. Tatsächlich aber, so folgerte ich mit der Schlaffheit, die mich gewöhnlich, wenn sich eine Bekanntschaft androht, überfällt, tatsächlich lösen sich die letzten Reste der abendländischen Zivilisation, zu denen auch die Franzosen zu zählen sind, in eben jenen beweglichen Labyrinthen der Reisen auf, die man unternehmen muß, weil die Situation zu Hause in die Unerträglichkeit gedehnter, mit seinen langweiligen Freunden verbrachter Zeit pervertiert ist. Auf diesen Reisen aber, wo man die Zeit gewinnt, die man doch gerade loszuwerden und zu verschwenden wünscht, würde man sich eiligst anderen gelangweilten Opfern, indem man Gespräche beginnt und sich als scheinbar originell zu erweisen versucht, hinzugesellen, um die Langeweile noch multipliziert in den gemeinschaftlich verstümmelten Tagen Platz nehmen zu lassen. Wenn man doch, so schloß ich meine Aufmunterung, wenn man doch einmal den ersten Schritt wagte, keine weiteren folgen zu lassen. Der Nachmittag, dessen Abend mir die Zürcher Bekanntschaft einbrockte, hatte mir kurz zuvor wieder einmal eine bittere menschliche Enttäuschung, diesmal in Gestalt einer Amerikanerin, beschert, deren Herzensunbildung mich so gekränkt hatte, daß ich in den Rinascimentokontexten der Gegend kurzfristig die Wiedergeburt christlicher, sogar priesterlich-mönchischer Absonderungen in meinem Sinn zu spüren geglaubt hatte; zölibatäre Erlösung in Gelübdeeinsamkeit. Der Entschluß, statt dessen Florenz zu verlassen und nach Neapel weiterzufahren, trieb mich am Bahnhof zügig in die schlaffen, von roten Äderchen müde gesprenkelten Arme der Schweizerin.

Man darf sich, das war mir schon damals tiefe Gewißheit, auf keinen Fall scheuen, sozusagen heranzutreten, heranzutreten, um dann aber endlich im Abseits stehen zu können – ohne sich zu sehr über die Einsamkeit, die Utopie der Aufmunterung, zu entsetzen und womöglich zu vergessen, wo es hinausgeht. Hinauszugehen, darauf kommt es an, den Raum, den die Aufmunterung aufgestoßen hat und in dem die Langweiler mümmelnd zurückbleiben, ohne einen weiteren Gedanken über das kontinentale Gähnen zu verschwenden. Am schwülen Abend, auf der Linie des letzten Kreises, den aufzumachen sich der nicht scheute, der dann vergaß, den Schlußstrich zu ziehen, dräut die Dämmerung, aber es wird nicht Nacht. Was zu lange währt, obwohl es seinen Untergang wert, apollinischer Vaporisation zu Recht bedürftig wäre, wird langweilig – gegen die Langeweile, das geheime Grundproblem des Westens im Zeitalter seines Ausgangs ohne Ende, über den Städten Europas, wie das Atmen eines *Deus fatigatus*, wird der Wahnsinn gemeinsamer Fröhlichkeit in diejenigen Schranken gewiesen, die man nur als Hampelmann je wieder verlassen wird, wenn überhaupt. Alles dauert zu lange, alles geht nicht zu Ende, sondern dreht vorher noch eine Ehrenrunde in aller Freundschaft, ohne Maß, weder auf Erden noch zu Wasser.

Wir – ich und die Zürcherin, die, wie sie mir transpirierend erzählte, ihren Liebhaber, einen alternden Nordistikdozenten aus »Milano«, dessen näselnd einfallslose Verehrung ihr unerträglich geworden sei, verlassen wollte, und zwar in Richtung Neapel – »Dann fahren wir ja in die gleiche Richtung« – »Ja, wie nett, was für ein Zufall ...« – waren uns instinktiv so vollkommen zuwider, so sehr unangenehm, daß seit Beginn am Bahnhof Firenze Campo San Marte, wo wir gleichsam willenlos ins selbe Abteil des Zuges nach Neapel einsickerten, zu fürchten stand, wir könnten uns plötzlich voller Haß und Widerwillen, wenn diese beiden in einer leidenschaftlichen Aufwallung des Überdrusses in rasend schlaffer Wut zusammenkämen, um sich zu befruchten, in eine ekelhafte Liaison werfen und uns beiden alles gründlich und endgültig verderben.

Da wir uns nichts zu sagen hatten und jede Unterbrechung unserer quasi nicht vorhandenen Gespräche mit Begeisterung und gegenseitiger Anfeuerung betrieben, teilte ich den Nachmittag nach unserer Ankunft mit dieser Zürcher Zumutung, um ihr weiszumachen, daß dieser junge Mann dort, eben dieser, eindeutige, nur auf ihre Person gemünzte Blicke bzw. Gesten, die sein könnten, arrangierte – was zu ignorieren übrigens gefährlich werden könne, denn wenn ein Neapolitaner Gesellschaft suche (*Gesellschaft, du verstehst?*), dann wolle er nicht allein bleiben; allerdings waren sowohl meinen als auch des Neapolitaners Bemühungen, sofern sie überhaupt bestanden haben sollten, kein Erfolg beschieden, so daß wir, ich und das *Zürimädi,* den restlichen Nachmittag damit zubrachten, über die verpaßte Chance ausgiebig zu sprechen bzw. zu lamentieren und zu versuchen, allgemeine Schlußfolgerungen daraus zu ziehen, was gleichfalls mißlang, aber immer noch viel besser war als die schweigende gegenseitige Belästigung des einen durch die Gegenwart des jeweils anderen; schließlich, wie immer, und immer wieder in solchen Fällen, führten wir ein warmes Gespräch über den, in Wahrheit so seichten, Zufall unserer Begegnung und die Richtung unserer Beziehung, während wir heimlich nach Anderen Ausschau hielten. Dabei hatte ich im Zug, durch die Hitze der Endzeit jeder spontanen Regung, etwa zu vorzeitiger Flucht die Notbremse zu ziehen, entmächtigt, nur Aufmunterungen geben wollen. Aufmunterungen, sich zu trennen, die uns aber zusammenschweißten, und jetzt lugten wir dürstend, aber vergeblich nach dem Getränk eines Anderen, weil es uns mit uns selbst so warm geworden war, träumend vom Rinnsal eines Dritten. *Tres faciunt collegiam*. Wo die *follies à deux* droht, lädt man sich einen Dritten dazu, der sich – alleine, ohne Rechtfertigungskontext in Form Anderer – nicht gegen die Aufmunterung zur Geselligkeit wehren kann, und rettet sich in die Unterhaltung dort, wo vormals der

Racheengel des Wahnsinns herumging, des Stumpfsinns, des Inbegriffs jedweder geistigen Verunstaltung, des gelangweilten Gähnens, in dem – Urbild des Chaos – alles versinkt, wodurch man sich vormachen konnte, normal, witzig oder skeptisch, zumindest aber aufmerksam zu sein; mit seiner schlaffen Sense zieht er müde und schleppend durch die Welt des europäischen Geistesunlebens, um abzumähen, was gähnend, hitzebetrunken, mit leichtem Speichelfluß Vorträge und Lesungen über den bevorstehenden Untergang des Abendlands hält oder sich die Vorträge anhört, immer wieder einschläft, aus dem Schlaf schreckend sich mit seinen Patschhändchen schließlich die schleimtriefenden Äuglein reibt, die Händchen in müdem Applaus zusammenpatscht, um danach in die Apathie der eigenen Rede über dieselbe Katastrophe zu verfallen, dieselbe somnambule Geschwätzigkeit zu entwickeln: eine endlose Reihe von muffligen Gedanken und Besinnungsaufsätzchen über *Ragnarök*, die wie eine Parade von Alptraumbildern an den Schlafenden vorüberzieht; Dämonen des Dämmers, die nicht bis drei zählen können, aber immer wieder wie ein Chor gepeinigter Schulkinder von Halbaffen als Schulmeistern dirigiert wird, die, ihre roten heraushängenden Geschlechtsteile kratzend, mit dürren Zweiglein den Takt zu schlagen versuchen, aber es nicht schaffen, bis drei zu zählen, sondern mittendrin vergessen, wo sie waren, um – unendlich langsam erst das Versehen bemerkend, sich in die Gesichter blicken – wieder und wieder von vorne beginnen zu müssen, während der Takt geschlagen wird, immer aufs neue, immer wieder aufs neue, immer wieder von vorne, aber man kommt nicht weiter, sondern fängt wieder von vorne, von vorne, o ja, fängt an, verspricht sich, hört auf, beginnt eine neue Schleife, die wie alle Schleifen zuvor und alle Schleifen danach im Neuanfang enden wird, aber welche Täuschung, welch kleiner süßer Selbstbetrug, denn man fängt ja doch wieder von vorne an, und alles ist so langweilig, so schlapprig wie Suppe, die greise neapolitanische Weiber einen ganzen schwülen Sommer auf mickrigen, aber warmen Feuerchen kochen, weil die Männer den Heimweg vergessen haben und herumtappen in der Dunkelheit der Trunkenheit der Nacht des Geistes.

Lassen wir uns von diesen notwendigen Beigeschmäcken nicht beirren! Man muß der Langeweile, die in Herz und Hirn Europas am apokalyptischen Feiertag fade und unausweichlich eingesickert ist, mit derjenigen Strategie begegnen, die mir seit den an kleinen Rinnsalen und Pfützchen verbrachten Kindertagen im Sommerstaub der oberbayerischen Hallertau mit buntquirlenden Kreisen vor Augen war – der ich von Hitze trunken war, die Spitzen der Tage bewegungslos in den Wahnsinn getaucht, der ahnte, daß *es* zwar anfing, aber nicht so schnell wieder aufhören würde – und darin bestand, heimlich mitzutun, heimlich ein wenig mitzuschwitzen, aber nur zum Schein; hinter der Gesichtsfassade, über die vorgetäuschter Schweiß rinnselt, schmiedet man den Plan, den Augenblick abzuwarten, um endlich ins Kühle aufzubrechen und dem jedermann ausdörrenden unaufhörlichen Gehen der Materie zu entrinnen.

Denn es ist zu warm; Wärme, eine innere Wärme, und Langeweile, eine äußere Langeweile, die sich gegenseitig übersetzen, verheeren die Beziehungen, lähmen jeden erfrischenden Gedanken. Wohin man auch kommt, werden einem endzeitlich warme Hände zum Drücken hingehalten, aber was für ein Druck: so schlaff und zugleich so überausgiebig. Die Menschen taumeln durch das zeitgenössische Europa, das einem inversen Babylon gleichende Europa, halten sich an den warmen Händen, schwitzen ein wenig, sehnen sich nach Gesprächsgegenständen; aber es fällt ihnen nur die Apokalypse ein, die sich hinzieht, während noch Theaterstücke über sie geschrieben werden, in denen man nicht einmal mehr schlafen kann, so unmenschlich schläfrig machen sie. Oh, verlassen wir uns, muntern wir uns auf, und *à Dieu*! Es wird Zeit, daß sich unsere Wege trennen! Sie aber tun es nicht, sondern führen zu den dürren inneren Wäldchen der Beziehungsgespräche, so daß es manch einem der vielen passiven Humoristen, die jetzt am Stamme des europäischen Geistes wie ausgedörrte Angsttriebe hervorschießen und die manch einer gerne abgeschnitten und zu Bündeln geschnürt sähe, um endlich wieder einmal richtig auszukehren, erscheint, als hätte es überhaupt nie angefangen.

Die Apokalypse besteht in ihrem Ausbleiben, obwohl man schon mit allem fertig war, nicht wußte, was tun, und den Fernseher einschaltete. Alle starren völlig fasziniert wie gelehrige Tiere auf die Figuren der Endzeit im Fernseh: sie aber waren es nicht, die das Gerät zum Laufen brachten, sondern andere, die zu verschollen sind, um das schließlich erschienene Testbild endlich abzuschalten, während dessen Betrachtung man die Treppe der Langeweile schlurfend müden Schrittes hinuntersteigt, ohne je auf einen Boden zu gelangen. Wo man es in Europa heute gerade noch schaffte hinzukommen, trifft man auf Anwesende, deren Gestalt und Gestus Menschen gleicht, welche in brennend romantischer Eile ihre Liebsten oder besten Freunde zum Zug gebracht haben, die sich in letzter Minute, schwitzend vom Lauf, gegenseitig die nötigen Schwüre, Zärtlichkeiten und Ankündigungen zukommen ließen, um dann zu erfahren, daß der Zug heute ausnahmsweise 2 Stunden später abfährt, weil noch auf Anschlußzüge gewartet werde. Dann steht man, nachdem fünf Minuten mit den üblichen Witzchen hingebracht wurden, auf dem Bahnsteig der überkommenen Kultur und blickt, vielleicht in der kaum ernstgemeinten müden Hoffnung zumindest ein wenig Kleingeld in irgendeiner Ritze zu entdecken, dann aber doch nur auf die Verschmutzungen des Steins durch andere, Vormalige, jetzt glücklich Abwesende, kaut auf dürren Ästchen herum. Der Zug jedoch wird niemals mehr fahren, denn die Anschlußzüge werden niemals kommen. Das Ende ist nah, aber es kommt nicht. Es ist langweilig.

So hängt mein Herz heimlich und mit sehnsüchtiger Liebe und Freundschaft an Menschen, die ich wahrscheinlich, außer das Schicksal führte einen seiner überflüssigen und altbekannten Streiche, nie wiedersehen werde: an jenem racheengelhaft griesgrämigen Concierge eines Hauses in der Rue Richer in Paris, der meine Bitte, nachsehen zu dürfen, ob eine bestimmte mir vage bekannte Dame, die ich kurz zuvor auf einem Vergnügungsausflug mit einer nervtötenden jungen Frau aus Algerien im Bois de Boulogne kennengelernt hatte, zu Hause wäre, mit »Nein« beschied, sich abwand, um weiter in »Le Dimanche« (!) *zu lesen*; oder an jener Norwegerin, mit der ich aufgrund eines durch Trunkenheit hervorgerufenen Versehens zwei Stunden im Aufzug eines Hochhauses im andalusischen Cadiz, wohin ich gereist war, weil Paris, von widerlichen Bekanntschaften verwüstet, unaushaltbar geworden war, zubrachte und die es vermochte, sich während dieser Zeit mit einer uralten Ausgabe der *schwedischen* »ELLE« *zu unterhalten*, ohne mich auch nur eines überflüssigen Blicks, eines langweiligen Worts oder einer ausgelutschten Handlung zu würdigen – viele wären zu nennen, viele, meine Freunde, denen ich zu verdanken habe, daß mir der vielstündig gekochte Brei dürftigster Gespräche über das ausbleibende Ende des Kontinents, die zähe und schwitzige Flut warmer Händchen und Leiber erspart geblieben sind.

Unter diesen Umständen tut Ernsthaftigkeit not: eindeutige Blicke, die zurückweisen, kalte Hände, die man nicht ergreifen will, unzweideutige Worte, auf die man keine zwingend langweilige Antwort geben kann. Und, unter allen Umständen, das ist überhaupt das Entscheidendste, unter allen Umständen muß auf Ironie verzichtet werden, denn sie würde verstanden; zwar sind die Menschen alle fade und besitzen keinen Witz, allen voran die passiven Humoristen, die ihre Reisigbündel schnüren, manche davon sogar auf dem Theater; die Ironie aber ist ihrem innersten Wesen nach Unangemessenheit der Form, Zerdehnung einer Sache, die nicht der Rede wert ist; vollkommene Verdünnung bis zum Heraustreten der Knochen, bis die Gewebefäden und atomaren Zusammenhänge zum Vorschein kommen. Das Unerträgliche an den Verhältnissen und Beziehungen im Europa der infinitesimalen Endzeit ist die Verlängerung und Verdünnung, wie bei irgendwelchen homöopathischen Präparaten, bis man schließlich in reinen Essenzen watet, Beziehungen, die so nichtig und langweilig sind, daß jeder kleinste, halbminütig gestammelte Dialog die einschläfernde Wirkung eines ganzen Handke-Romans besitzt. Gerade Ironie würde unter diesen Umständen jede doch so dringend benötigte Aufmunterung, die gähnenden Rudel der Langweiler zu verlassen, in ihr Gegenteil verkehren, verdünnen und die Langeweile damit vergrößern und aufblähen.

So zementierten einige – nach meinem heimlichen Entschluß, so bald es möglich wäre, eine Fähre Richtung Spanien zu nehmen – von mir gemachte Bemerkungen, daß unsere – der Zürcherin und meine – Zeit nun doch abgelaufen sei, die ich Narr mit einem mißverständlichen Lächeln zu begleiten mich nicht entblöden konnte, unser widerliches Verhältnis noch, indem die Zürcherin – der Ironie fremd – vage meinen Arm ergriff, um, wie sie sagte, vor dem Untergang noch das Leben – »Leben!« – zu genießen, wobei sie aber nicht glücklich, noch genießend, sondern nur peinlich verlegen aussah. Ich aber tat nichts und ergriff ihren Arm. Man hätte, angesichts unserer spazierenden Erscheinung, glauben können, unsere Zweiheit sei der Ausdruck von Freundschaft, vielleicht sogar von Liebe: einmal, als wir in die von gelangweilt herumlungernden Neapolitanern verpestete Galeria Umberto eintraten, küßten wir uns sogar vorsichtig und so nachdenklich aufmerksam, als fürchteten wir, uns gegenseitig mit derjenigen Gehirnkrankheit anzustecken, die der bedauernswerte Andere, offenbar seit frühester Jugend an den Rinnsalen der Hallertau bzw. in niedlichen Zürcher Gäßchen, in sich tragen müsse. Wir küßten und erregten uns aneinander, weil wir uns einfach nichts zu sagen hatten, weil wir im Nachmittag, in unbeschreiblichen Paraphrasen des Immerselben aufgedröselt, schwitzend und handwarm verloren waren, weil die Ereignisse einfach immer ausblieben, weil wir gefangen waren im Widerwillen, den wir wechselseitig und unausweichlich in uns erregten und dem wir nicht entkommen konnten, dessen Aura durch die kleinste Berührung prickelnde Stürme des Ekels erglimmen ließ, sich uns alle Richtungen verloren, in denen wir auf einem träge schwappenden Meer namenloser Nichtobsessionen Arm in Arm, Händchen in Händchen durch die hitzeglühende Stadt trieben …

Nicht nur die Endzeit, sondern alles dauert zu lange. Voran die Bekanntschaften: wie erträglich wären doch die Anderen, wenn sie nicht jedes Formgefühl verloren hätten, das *savoir vivre*, das ein *savoir finir* ist; wie erträglich wäre ein, nur auf den Seiten 125 bis 145 eines Buches sich ereignender Handke-Roman; wie erträglich wäre doch eine endlich untergehende, aber glücklich auf Europa begrenzte Welt, deren Geist sich, in straffer Bewußtseinsform sich manifestierend, auf das eine Wort bringen ließe: Kürze.

Um die Stunde, da wir endlich nichts mehr voneinander wissen würden, hinauszuschieben – so beglückend war diese Vorstellung, daß wir noch ein wenig warten wollten, noch ein wenig die kühlende Luft des Versprechens atmen, bevor es sich einlösen würde –, setzten wir uns gegen Abend in ein geschmacklos authentisches Restaurant und nahmen mit lauem Olivenöl getränktes, dürres Brot zu uns, tranken dünnen Rotwein, voll glücklicher Vorfreude, in der Utopie des Abschieds, verbrachten Stunden im Restaurant zu, bis in die frühe Nacht, um die Aussicht, den anderen bald nicht mehr sehen zu müssen, auszukosten. Ich verdächtige die Zürcherin sogar, sich während eines Aufenthalts auf der Toilette ihr ordinäres Dutzendgesicht erneut geschminkt zu haben, nur um den Abschied schöner und bitterer zu machen: für mich – ich sollte es bedauern, sollte es sein, der litt; ich zeigte mich erneut als geistreicher Kenner der Materie und ihres Gehens – um sie nachträglich, wenn ich aufgebrochen wäre und sie in ihrer Langeweile zurückgelassen haben würde, bezahlen zu lassen. Wir beglichen die Rechnung und blieben, vor lauter Vorfreude glücklich, bis in die späte Nacht zusammen, schlenderten über wimmelnde Plätze, bis ich mich endlich, auf der Piazza Dante, entschloß, zu verschwinden – aber die Verhaßte schon, ohne meinen Plan verwirklichen zu können, in der Menge verloren hatte und unerträglich einsam zurückblieb, mit mir allein gelassen, auf die Fähre nach Spanien gestoßen …

Das Versprechen
oder
Wie man sich Umständen entzieht ohne überhaupt in sie verwickelt zu sein

Eine Ankündigung

»Seit ich hinabgeschaut zum ersten male,
sah ich mich um die zônen für gebracht
von meridiân bis rand occidentâle:
so daß ich sah, vor Gades aus, die fracht
tolldreiste Ulissen, und onfern das stade,
darob Eurôpe entschwamm ein süße tracht.«

Dante Alighieri, Komödie

Ziel dieses Textes ist die Teilnahme seiner Leser am Glück des Versprechens, das gebrochen wird. Zu diesem Zweck werden einer spontanen und dennoch wohlüberlegten Einleitung nichts anderes als Ausflüchte, Abschweifungen, und Ankündigungen folgen, die dem Leser zunächst nicht nur die praktische Anwendung des Leitthemas noch während seiner Exposition veranschaulichen, sondern ihm auch das Wesen der Ironie am eigenen Leib nahebringen sollen. Der Leib als Ort mannigfaltiger Unterdrückung, Knechtung und Geschichtsreproduktion war in den letzten Jahren ja schon Thema zahlreicher anderer Texte zahlreicher anderer Autoren, deren Kenntnis keine zwingende Voraussetzung für das Verständnis angekündigten Textes ist, gleichwohl aber von seiten der Textverfasserschaft nicht ungern gesehen würde, die sich eine gewissermaßen indirekte Prüfung der Textteilnehmer zu Eingang des Textes vorbehält. Dementsprechend wird eine – genauer, übrigens ausbleibender Erläuterung bedürftige – Kernthese des Textes eine Definition der Ironie sein, die folgendermaßen lauten soll: Die Ironie sei das Versprechen des Witzes, vor dessen Genuß er aber verstanden werden muß; da der ironische Witz aber darin besteht, daß er gemacht wird, obwohl (oder besser: weil) es ihn nicht gibt, nähert sich das definierende Verstehen des ironischen Witzes seiner Zertrümmerung an. Die Frage der Befriedigung, hinsichtlich des Lesers wie auch der Textverfasserschaft, die für jene zu sorgen hätte, wird bezüglich dieser Teilproblematik zwar gestellt, aber nicht wirklich befriedigend beantwortet werden, so daß dem Leser im weiteren Verlauf der Verdacht kommen wird, das eine sei es, bestimmte Inhalte, aus denen sich ein Text zusammensetzen soll, anzukündigen, etwas völlig anderes aber, die Ankündigung durchzuhalten – die Textverfasserschaft wird an dieser Stelle des Textes ihr übliches Verfahren zur Entkräftung solcher peinlicher Konjekturen, bevor diese überhaupt von seiten der imaginären Leserschaft laut geworden wären, anwenden, und zwar mittels Selbstbezichtigung.

Der theoretische bzw. ungreifbar-verblasene Duktus des Texteinstiegs wird zugunsten einer vermeintlich aus der Lebenswelt der Textverfasserschaft entnommenen Anekdote kurzfristig aufgegeben; dennoch – da die Verfasserschaft klassische Formen niemals rein zu verwenden beabsichtigt – wird diese Anekdote von Gedanken, die nichts mit ihr zu tun haben, verunreinigt, um, koste es, was es wolle, den Bogen zurück zum gedanklich präparierten Feld des Textes zu schlagen. Eine der möglichen Anekdoten an dieser Stelle des Textes könnte zum Beispiel einen Konzertbesuch der Verfasserschaft zum Inhalt haben. Anspielungen auf den

Zusammenhang zwischen Musik und Versprechen bzw. zwischen diesem und Kunst überhaupt werden nicht auf sich warten lassen; daraufhin wird in wenigen Worten berichtet, wie das Versprechen der Eintrittskarte auf einen Kunstgenuß durch die angeblich deprimierende Ernüchterung als Folge des Aufsuchens des der Karte im Ordnungszusammenhang des Konzerthauses zugeordneten Platzes abgelöst wurde; nicht nur, daß der Platz so weit hinten gewesen wäre, daß mit einer genußvollen Abnahme der durch die eigens dazu anwesenden, übrigens dann kaum erkennbaren Musiker hervorgerufenen Musikkunst nicht zu rechnen gewesen sei; auch zwei in unmittelbarer Nähe der Verfasserschaft sich befindende Menschen weiblichen Geschlechts schienen bezweifelbar zu machen, weshalb Verfasser den Konzertsaal so froh betreten hatte, denn sie – die Weiblichen – hatten offenbar beschlossen, die versprochene Kunstmusik, bevor diese überhaupt performiert wurde, *einfach großartig* zu finden; dies hätte Verfasser, angeblich aus Antipathie gegenüber den Vorfreudigen, von vorneherein jeder Möglichkeit beraubt, seine Erwartung eingelöst zu sehen. Eine häufig wiederkehrende Erwähnung der losen und weitläufigen Verwandtschaft der einen Weiblichen mit dem Komponisten der ersten Musikkunst gegenüber der anderen Weiblichen hätte dies noch verstärkt.

An dieser Stelle wird das anekdotisch Vorgetragene an Tempo gewinnen; anstatt auf die Musik des der einen Weiblichen genetisch verbundenen Komponisten zu achten, forscht Verfasserschaft nach möglichen freien Plätzen, um die programmäßig versprochene kleine Zwischenpause zwischen der Verwandtenmusik und der dieser folgenden zu einem Ortswechsel zu nutzen; nach dessen glücklicher Durchführung findet er sich aber mit einem offenbar atemwegserkrankten Herrn konfrontiert, der zwar keine Hinweise auf eine vielleicht vorliegende Verwandtschaft und daraus folgender apriorischer Begeisterung verlauten gelassen habe, zum Ausgleich dafür aber unaufhörlich hustete, so daß die Aufmerksamkeit sich diesmal nur auf das Auftreten des Hustens, nicht aber auf die von diesem Husten gestörte Musikkunst hätte richten können. Nach der großen Pause – während der die Beobachtung sich in der europäischen Musiklandschaft, gleich unerschreckbaren Ethnologen, offenbar vollendet heimisch fühlender Japaner, deren Gesichter die Freude rätselhaft eingelöster, dem Verfasser selbst aber vollendet verborgener Versprechen ausgedrückt hätten – soll dann weiter berichtet werden, sei endlich ein störungsfreier Ort aufgefunden gewesen, von dem der Blick aber auf ein weit entfernt gegenüber sitzendes Ehepaar hätte stoßen müssen, das – für Verfasserschaft unhörbar – raschelte, knisterte, hustete, sprach und kicherte. Die – wie gewohnt um jeden Preis erzwungene – Pointe soll nun darin bestehen, das Glücksgefühl durch die wunderbare Lautlosigkeit dieser Belästigung zu schildern. Dieses wäre so groß gewesen, auf die Musikkunst nun vollkommen zu verzichten, obwohl mit dieser beim Kartenkauf das Versprechen kurzfristiger Erlösung von einer geheimen Leidensgeschichte verbunden gewesen wäre, in deren Zentrum angeblich eine – aus welchen Gründen wird verschwiegen – unerreichbare junge Frau steht; diese junge Frau hätte Verfasser überdies nie kennnengelernt, wäre er – anstatt hirnrissigsten Versprechen einer völlig unübersichtlich geplanten Reise folgend – zuhause geblieben, hätte sich mit verbundenen Augen, an einen in einem völlig abgedunkelten Zimmer sich befindenden Stuhl gefesselt und sich dem unendlichen Schweigen der Welträume gewidmet; stattdessen wäre verreist worden, um sich in eine Liebes- und folglich Leidensgeschichte mit allen nur denkbaren Regungen und Strebungen, mit mannigfaltigen Verzögerungen, Hemmnissen und Qualen zu verwickeln. Statt dessen hätte sich Verfasser nun alleine dem Anblick der objektiv Störenden gewidmet, um bei jeder raschelnden Handbewegung der Frau innerlich erlöst aufzuseufzen, weil sie unhörbar blieb, und bei jedem Kichern des Mannes entspannt auszuatmen, weil man nicht davon betroffen war.

An dieser Stelle des Textes, an der die Heiterkeit der Leser vorausgesetzt wird, wird die Textverfasserschaft den in diesen Fällen üblichen Schluß vom Einzelnen (*Anekdote*) zum Allgemeinen (*Abendland*) führen, wobei das nötige Bindeglied in Form des Besonderen (*Apokalyptiker*) nicht fehlen soll. Zu diesem Zweck wird zu gegebener Zeit insofern auf die semantische Zweideutigkeit des Leitbegriffs (*Versprechen*) eingegangen werden, als die Textverfasserschaft ihre Sprachkunst durch ein Wortspiel unter Beweis des ironischen Witzes (siehe oben) zu stellen beabsichtigt und hierzu experimentell einen Versprecher vorführen will, dessen Analyse zeigen soll, inwieweit die (unmögliche) Einhaltung des Versprechens strukturell dem nicht bemerkten Versprecher eines sich Versprechenden gleicht, der sich seiner Erfüllung in Form einer Pointe dadurch entzieht, daß er ihr Ausbleiben (etwa durch das Stilmittel der Inversion) als ihre eigentliche Erfüllung darstellt. Hätte sich Verfasser von der jungen Frau nicht immer wieder – und entgegen aller Vernunft – Verschiedenes versprochen, so wird gefolgert, hätte er auch den kulturellen Versprechungen, von den Frauenenttäuschungen durch Kunstgenüsse geheilt zu werden, keinen Glauben geschenkt – wäre aber auch niemals von der

Qual des Versagens der Kunst an ihm, der litt, durch die Entdeckung des – *perfiderweise auch noch glücklichen* – Ehepaars erlöst worden. Diese ironische Figur sei das – bis zu diesem Zeitpunkt geheime – Zentralproblem der dem Untergang geweihten abendländischen Kultur, nunmehr aber durch Verfasserschaft endlich benannt und entschärft. Wegen dieses Problems hätten die mehr oder weniger sprachohnmächtigen Apokalyptiker (siehe oben) durch ihr Nicht-Verstehen der Ironie a) nichts zu lachen und wären b) auf dem rechten Weg.

Hier wird nun, dem Textverlaufsplan folgend, die Analyse angeblicher Jugenderinnerungen der Textverfasserschaft im Hinblick auf das Leitthema erfolgen; in diesen, in einer Hügellandschaft des nördlichen Oberbayerns (*Hallertau*) angesiedelten Erinnerungen, verspricht Verfasser, den Kern seiner Handhabung des Leitthemas, ja sogar dessen eigentliche Begründung aufweisen zu können. Ob dies gelingt, wird nicht unwesentlich von der Einschätzung der Textteilnehmer abhängen und auch davon, ob diese in der sehr wünschenswerten Lage sein werden, sich der Vorstellung eines Knaben hinzugeben, der seine ganze in diesem Zustand verbrachte Zeit hindurch, gemäß dem offensichtlich frühreif rezipierten Goethewort, am Jüngling (= *Knabe*) sei nicht entscheidend, was er wäre, sondern, was er verspräche, mit bloßen Versprechungen um sich geworfen hätte, um es schließlich bis zum Verfasser angekündigten Textes zu bringen.

An dieser Stelle des Textes erwartet sich die Verfasserschaft von seiten der gewöhnlichen Leser ein Aufmerken; denn zum einen wird in einem Doppelschritt auf den Zusammenhang zwischen – gebrochenem – Erkenntnisversprechen und *Selbstreferenz** von Texten hingewiesen, zum anderen zur Unterlassung von Ironie aufgerufen werden, wozu Textverfasserschaft auf einen ernsthaften und treffenden Tonfall zu verfallen beabsichtigt. Erwartet wird weiter Zustimmung von seiten möglicher Apokalyptiker unter den Textteilnehmern. Mit Hilfe dieser Zustimmung will die Textverfasserschaft sich auf die Seiten der Zustimmenden schlagen, um dem Text eine unerwartete Wendung zu geben, die aus folgenden Gründen mißlingen wird:

*Ein beliebtes Verfahren in Texten des dem Untergang geweihten Abendlandes, in denen die jeweiligen Verfasser ihre durch den Untergang hervorgerufene Gedankenleere zu mildern und gelegentlich sogar anzufüllen suchen, indem sie diese unaufhörlich sich selbst anzeigen lassen bzw. die Abwesenheit von frischen Gedanken durch komplizierte Verweisungssysteme z.T. verblüffend geschickt verheimlichen. Siehe dazu vor allem auch vom Verfasser »Die Uneigentlichkeit« in: »Handenzyklopädie der Grundprobleme Europas am Ende des 20. Jhdts«, p. 77-123, Berlin 1997.

a) Nicht-Einhaltung der zuvor versprochenen und postulierten Ironie-Enthaltung von seiten der Textverfasserschaft, b) Ausbleiben auch nur eines Funkens von Bedauern über a), c) endgültige Selbstdecouvrierung der Textverfasserschaft in Hinblick auf die Ernsthaftigkeit zum Erreichen des angekündigten Textziels und d) plötzliches Erscheinen einer bis zu c) geschickt geheimgehaltenen uneigentlichen Strategie der Textverfasserschaft, die dann zugleich aber auf c) ein neues, aber auch wieder nicht allzu neues Licht wirft, wenn man an die Einleitung des Textes denkt (siehe ganz oben).

Der Zusammenhang
oder
Wie man sich erkennt ohne in den Spiegel zu blicken

Eine Spekulation

»(...) der erstklassige Hotelbetrieb des Schiffes bleibt mitten im Weltuntergang aufrecht – diszipliniert bis ans Ende – es ist der zarte und hochachtungswerte Heroismus der menschlichen Zivilisation.«

Thomas Mann, Meerfahrt mit Don Quijote

Es wurde lange darüber spekuliert – und je länger, desto heftiger –, wie denn alles zusammenhänge; so heftig übrigens, daß erst einige, dann immer mehr anfingen, über die Ursachen der mittlerweile auffälligen Heftigkeit Vermutungen anzustellen, deren Heftigkeit sich bis heute ihrerseits immer mehr steigerte. Jetzt muß man fürchten, es zerrisse den einen oder anderen bald, denn das Problem am Ende des 20. Jahrhunderts ist ja vor allem, daß die Leute, bevor sie das Problem des Zusammenhangs, das man durchaus als das umfassend basale Problem des zeitgenössischen westlichen Denkens bezeichnen könnte, endlich geklärt hätten (wie Hunde, die schon lange versuchen, ihr eigenes Schwänzchen zu erwischen, bis es ihnen endlich doch gelingt), in diesem Denken beständig Zusammenhänge herzustellen, in denen ihr Körpergefühl, ihre Eßgewohnheiten und die Herkunftsländer ihrer Hausweine in bezug zur allgemeinen Lage des Geistes gesetzt werden, ob sie das nun wollen oder nicht; und dabei verzettelten sich die Zeitgenossen ganz ungeheuer, weil man dem Allgemeinen bekanntlich immer gleich nah ist, also immer gleich weit von ihm entfernt, so daß man auf den Gedanken kommen könnte, es wäre sowieso egal, stürzen wir uns nur in die vollkommene Hemmungslosigkeit der Abschweifung, nur zu, in die Labyrinthe und Irrgärten unserer zeitgenössischen Erfahrung, die von halbwahren oder vielleicht sogar erfundenen, Anekdoten durchsetzt ist – ein Käse mit Blauschimmel. Diese Versuche, das Heil in der Zerstreuung der lebendigen Kräfte zu finden – wie ein Mensch, der glaubt, Rechnungen dadurch begleichen zu können, daß er sie am Morgen ihres Eintreffens hastig aufreißt, besorgt, sehr besorgt überfliegt, sie den Vormittag über immer wieder durchliest, in die Tasche steckt, dann außer Haus geht, um sie schließlich zerstreut und unabsichtlich, auf einer Parkbank vielleicht, liegenzulassen –, diese nicht unoriginellen Versuche enden mit der Rache des Zusammenhangs, den man ursprünglich eigentlich klären wollte, vielleicht in Gestalt eines persönlichen Eintreibers, vielleicht aber auch, indem man auf sich selber stößt, wie auf ein Fundstück, von dem man nicht weiß, ob man es einfach einstecken und mitnehmen soll oder ob es nicht vielmehr abzugeben wäre, um im Dunkel irgendeiner großen Registratur zu verschwinden. Wenn man nur wüßte, in welcher; außerdem findet man seinen Personalausweis nicht mehr, mit dessen aus anderer Zeit stammender Photographie man überdies jede Ähnlichkeit verloren hat.

Aber – um die Spekulation von der anderen Seite, von hinten herum, anzugehen – angenommen, wirklich nur angenommen, man wäre gezwungen, Berlin in Richtung München zu verlassen, dann könnte man folgendes feststellen: Züge von Berlin nach München zeichnen sich dadurch aus – wenn man Berlin verläßt, nachdem man länger blieb als ursprünglich beabsichtigt, weil man um keinen Preis der Welt nach München zurückfahren wollte –, daß man keinen Platz bekommt; denn natürlich, angenommen, daß überhaupt gefahren wird, hatte man reserviert, diese Reservierung ist aber verfallen, und der teuer und großspurig reservierte Platz ist von einem eigentlich unberechtigten Unbekannten ganz und gar besetzt worden, wenn auch vermutlich mit Gewissensbissen. Und jetzt haben alle einen reservierten Sitzplatz, bis auf einen selbst – allenfalls, daß man sich auf den Platz eines Menschen setzen könnte, der die Reservierung sausen ließe, was aber eine unsichere Sache ist – denn wie leicht taucht so ein Mensch, sagen wir, ein Würzburger, erst 25 Minuten nach Abfahrt auf, weil er offensichtlich nicht in der Lage war, einen Zusammenhang zwischen den Zahlen auf seinem Reservierungsausdruck und der Ordnung des Zuges aus Wagen mit Wagennummern, Abteilen mit Sitzen und Sitzen mit Platznummern herzustellen; außerdem ist er so dick, daß er lange brauchte, um sich durch die völlig unübersichtlichen Gänge zu quälen, so dick sogar, daß man auch nicht richtig an ihm vorbeikommt, weil er einfach vor dem Platz stehenbleibt, aus dem man wegen ihm herausmuß, aber zugleich doch gerade wegen ihm nicht kann; er schwitzt, und die Röte seines Gesichts ist von der Farbe stillen zornigen Leidens der Kreatur an den Umständen, die hämisch in einem selbst zusammengewimmelt sind und von denen man bis zu dem Augenblick nichts ahnte, in dem man ihnen durch den nach Versöhnung verlangenden Würzburger ausgesetzt wird. Umstände bestimmen sich im allgemeinen nämlich dadurch, daß man von ihnen nie auch nur die geringste Ahnung hat, bis man sich mit Hilfe eines dicken, sich doch seinerseits offenbar als ganz wesentlichen Teil der Umstände erweisenden Würzburgers mitten in ihnen wiederfindet, aufsteht, das Buch, das man lesen, den Mantel, den man hängenlassen wollte, an sich rafft und, sich an dem körpermächtigen Teil der Umstände vorbeizwängend, den Hinweispfeilen zum Bordtreff zu folgen beginnt, vorbei an lauter Reisenden mit Sitzplatz, die sich auf diesen lächerlichen Umstand etwas einzubilden scheinen, zumal sie nicht, wie man selbst, auffällig viel perlenden Schweiß absondern.

Eine der fundamentalen Schwierigkeiten im Zusammenhang der westlichen Welt besteht darin, daß die Anderen als Umstehende, schwitzend oder nicht, nicht mehr die Hölle, sondern bloß noch ein Teil der Umstände sind, und die könnten dies und das bedeuten. Die Umstehenden hoffen, daß nichts übersehen wird, und bleiben immer wieder stehen, um sich ein Bild zu machen, das sie mit irgendwann unter anderen Umständen gemachten Bildern vergleichen, wobei sie sich dann aber im Weg umgehen und sich gegenseitig die Sicht nehmen. Die Bilder taugen dann natürlich nichts und wirken wie Fälschungen. Manche besonders intensiv Stehengebliebene zogen aus den Bildsammlungen ihrer Erfahrungen das Resümee, daß die westliche Welt als ganze eine Fälschung wäre, die besser dorthin führe, was die Anderen nicht mehr sind, zur Hölle, die einzelne wiederum, offenbar des Altgriechischen mächtig, mit Hades übersetzten, vielleicht um nichts auszulassen, und das sogar auf dem Theater, obwohl Schauspieler oft vergeßlich sind, wie Siebe; denn die Hölle ist übersichtlich geordnet, und die vorhergehende Apokalypse, die sich dann auch nicht vermeiden ließe, erscheint ihnen wie das ersehnte finale Fundamt, in dem man die umständliche westliche Welt endlich abgeben könnte, und fertig.

Aber, um fortzufahren: möglicherweise wird man nach einer Weile, in der man sich vom Bordtreff noch ebensoweit wie schon vom Würzburger entfernt befindet, feststellen, daß man seinen Hut vergessen hat. Nicht der Umstand, daß man ihn vergaß – Hüte wurden je schon vergessen –, dürfte eine sehr unangenehme, im Stehenbleiben noch präziser werdende Empfindung aufkommen lassen, sondern daß man den Weg zurückzugehen hat, daß man jedem Gesicht noch einmal begegnen wird, diesmal aber mit einem altmodischen, wenngleich durchaus sündteuren und bei einem jungen Zeitgenossen so schlecht begreiflichen Hut, der um so unpassender erscheinen dürfte, weil man ihn zuvor nicht trug, weil man man sich, hin und her gehend, veränderte, während alle anderen sitzend gleichblieben und jetzt, während man zum zweiten Male an ihnen vorbeikommt, als Unveränderliche Spekulationen darüber anstellen, ob das plötzliche Huttragen vielleicht sentimentale Gründe haben könnte – möglicherweise denken sie auch nichts, aber das sieht man nicht; was man tatsächlich sieht, ist diese Abfolge von Gesichtern, die man schon einmal gesehen hat, allerdings ohne zu wissen, daß es sich um eine Abfolge handeln würde: dieser Blonde mit den Korkenzieherlocken, dem Pullover von Chiemsee und dem Gameboy, hinter dem ein mittelalter Mann mit blassem Gesicht und vielen vereinsamten Muttermalen auf den Wangen, leicht zuckend – vielleicht ein Handlungsreisender? –, seine Aktentasche mit den Händen umklammernd, auf dem Griff den nervösen und unberechenbaren Takt der Spielvorgänge klopft, die seine Blicke so heimlich mitzuverfolgen versuchen, daß er bei jedem Vorübergehenden erschrocken aufblickt, und – eine genaue, auffällig sorgfältige Musterung vornehmend – dann doch wieder in die Zusammenhänge des Spiels, das ein anderer spielt, einzutauchen versucht. Und – angenommen, man hätte den Hut tatsächlich vergessen und würde dem Würzburger mißtrauen, denn wie leicht gilt so ein Hut als Fundstück, das irgend jemand als Trouvaille mit sich nehmen könnte, und würde den Weg zurück und dann erneut zurückgehen – wäre es eine nicht überaus beunruhigende Erfahrung, sich in den zwischen fortwährender Spielbeobachtung wahllos herausgeworfenen Blicken eines Menschen wiederzufinden, als wäre er ein Spiegel? Aber ein lebendiger, der anfangen würde zu schwitzen, müßte er unversehens den Platz räumen, weil er den Zwang, im Zug zu reservieren, nicht kannte oder ignorierte?

Diese Beunruhigung, angenommen, man würde ihr, während man in den Bordtreff weitergeht, nachgehen, könnte einen, nachdem man schließlich angekommen ist und einen glücklichen, durchaus nicht reservierungspflichtigen Stehplatz neben zwei älteren sich lebhaft unterhaltenden Frauen gefunden hat, auf den Gedanken bringen, das einzige noch nicht gelesene Buch des geliebten russischen Autors, auf das man sich so unwahrscheinlich freut, weil man in den Umständen des vergangenen, aus lauter Verspätungen bestehenden Aufenthalts nicht zum Lesen kam, aufzuschlagen und gut formuliert zu denken: *Sobald ich das Buch aufschlage – dessen Text bis zu diesem Augenblick in der ewigen Nacht meiner Abwesenheit gedämmert hatte –, reiße ich es gänzlich und mit der Ausschließlichkeit einer Position an mich, die sich im Doppelgesicht des Retters und – andererseits – des Generalbevollmächtigten im Spiegel der Schrift bestimmt.* Und für einen kurzen Augenblick, während draußen die Landschaft, durch die man, in ebensolchen Umständen vielleicht, schon unzählige Male gefahren ist, vorüberfährt, könnte es einem möglicherweise erscheinen, als wären die Verstrickungen und diese Enge, in der man ständig mit den Umständen der Umstehenden zusammenstößt, als wäre diese unbegreifliche Zusammenstellung von Abfahrtzeiten, Bahnsteigen und Wagennummern, Ankunftszeiten und Bahnsteigen und Verabredungen, die man versäumt, die blaulockenden U-Bahnen, in denen man, von den versäumten Verabredungen kommend, sitzt, um zu irgendwelchen anderen Verabredungen zu fahren, die man wahrscheinlich auch versäumen wird, als wären diese längeren und kürzeren Aufenthalte, mitsamt ihren vom einen ins andere Bild führenden Verzweigungen und diesen Worten, die man spricht, die sich anhäufen und die man hört, den Worten und Beschreibungen anderer nachgehend, in deren Erinnerungen man selbst vorkommt, in deren Anekdoten man die überraschende Pointe bildet: *Und denn, mußte dia ma voastellen, kommt a wieda, mit sooonem Hut uffn Kopp, ne ick saje dia, selten so jelacht …* – als wäre all das der geheime Zusammenhang des Lebens in einer Kultur, die sich schließlich zusammenreißt, um sich mit unglaublicher Anstrengung für die Sammlung von 183 Seiten auf den Punkt zu bringen, an dem man selbst gerade steht. Währenddessen fährt eine Landschaft vorüber, die man noch nie betreten hat. Den neben einem stehenden älteren Frauen in lebhafter Unterhaltung hört man mit der Aufmerksamkeit eines Menschen milde zu, der endlich angekommenen ist, obgleich man sich immer mehr nach einer Zigarette zu sehnen beginnt, aber im Bordtreff herrscht ja perfiderweise Rauchverbot, wir sind ja alle Nichtraucher. Wenn es sich um zwei weltliche, von einem Meditationszentrum in Brandenburg zurückkehrende Schwestern handeln sollte, denen man derart zuhört, könnte es sein, daß sie sich darüber unterhalten, wie die eine mit einer von *Carl Gustav Jung* inspirierten Methode unlängst das *VAter-Unser* von ihrer Gebetsgruppe *meditieren* ließ, ihre Gruppe zu einer *Meditation* von niegekannter und völlig herzergreifender Intensität zwang, die Gebetsgruppe durch das *VAterUnser* einer solcher, *Meditationsintensität* ausgesetzt hätte, welche auf unmittelbarem Wege verwandelt zum Inneren Christus als *Äußerem-SOhn-Unseres-Inneren-VAters*, also – könnte begeistert von der Anderen gefolgert werden – zu *Unserem Inneren-BRuder des so in der SOhngestalt nach außen gewachsenen gemeinsamen VAters, als Außenweltsymbol der inneren Bruderlandschaft* geführt habe; außerdem – so möglicherweise die Andere weiter – habe bei ihr die Beschäftigung mit Jung zu einer unwahrscheinlichen Intensivierung ihrer, auch früher zwar bemerkenswert gewesenen, mittlerweile aber schon durchaus *Franz-Marck-mäßigen* Pferdeträume geführt – ja, die Pferdeträume seien überhaupt das Großartigste, könnte die eine einwerfen, wenn die Innenweltlandschaften sich, in einer Art gegenseitiger geistiger Penetration, von den Herden der schillernd vielfarbigen Pferdeleiber webend belebt, verschmölzen; ja überhaupt – die Andere – Verschmelzungen, Verschmelzungen ineinanderlaufender geistiger Flüssigkeiten, verflüssigter geistiger Energien, aus den Bildern und mythischen Urgestalten der Zeitentiefe, die in den Innenweltlandschaften zusammenströmten, eine weitgehend *Hermann-Broch-mäßige* Angelegenheit, zusammenströmten und ein Innenweltsymbol schüfen, das im Traum, einem durchaus *Marck-mäßigen* Pferdetraum, zu erschauen sei. Ewig erstarrtfließende, sehend-blinde Zusammenschau. Und so. In dem Gehen der Schwesternausführungen zu innergeistiger Materie, dem man folgte (ohne wirklich glauben zu können, daß es sich bei den beiden nicht um Kabarettistinnen handeln soll, die eine kleine Probe abhalten – oh, wie gerne würde man jetzt rauchen, um sich ein wenig zu entspannen!), dürfte man den Punkt, auf den man sich einen Augenblick lang gebracht fühlte, forttreiben sehen. Immer kleiner werdend. Verschwindend. Eine Flaschenpost in den Gewässern derjenigen sogenannten Kultur, die es offensichtlich auf den Punkten, auf die sie gelegentlich von irgendwelchen zu Namen und Adverbialen werdenden Menschen gebracht wird, aber um keinen Preis aushält – wie kribblige Kinder, denen irgendwelche Lehrer, bevor sie gehen, um nicht wiederzukommen, die Anweisung geben, stillzusitzen und scharf über den Zweiten Hauptsatz der Thermodynamik nachzudenken. Das versuchen sie fünf Minuten lang, um aber dann *Verstecken-und-find-mich-doch* zu spielen. Diese ganze Kultur, könnte einem plötzlich schwanen, verzettelt sich seit Jahrhunderten systematisch in solchen weltlichen Schwestern und jemandem, der den Schwestern aufgrund Sitzplatzmangel zuzuhören gezwungen ist; versteckt sich in diesen Gesprächshöhlungen, faßt kurzzeitig Pläne, Entwürfe, rafft sich auf und was gerade zu kriegen ist zusammen und endet dann doch bei Fädchen, Haarwurzeln, Spitzen und zitternden

Schilfrohrbewegungen im letzten Abendwind; ja, es könnte so erscheinen – neben den immerfort weitersprechenden Frauen, während man das Buch, den Zeigefinger auf dem Schmutztitel, den Daumen auf dem Deckel, unaufgeschlagen in der Hand hält und nebenbei bemerkt, daß man seinem Umschlag einen ersten kleinen Riß zugefügt hat, und der Landschaft zusieht, wie sie sich kaum verändert –, daß der Zusammenhang überhaupt nur in solchen Akkorden aus Verzettelungen besteht, daß man hingehen könnte, wohin man wollte, um auf solche *Mischungen* zu stoßen, auf solche *Akkorde* von Liegengelassenem und gerade Vorbeikommendem, auf Sprechende, Zuhörer, unaufgeschlagene Bücher und die außerordentliche Qualität von Blechkuchen öfter als nötig erwähnende Lautsprecherdurchsagen, daß man Augenblicksschnitte, Gegenwartsschnittchen von den Blechkuchen der Jahrhunderte nehmen könnte, um überall solche kurzfristigen Zusammenhänge von Abschweifungen zu entdecken, denen man nicht entgehen kann, weil jede Abschweifung sich mit anderen reimen würde, um Muster zu bilden.

Man kommt ihnen, diesen Mustern gedanklicher Diffusion und Wiederkehr, nicht anders bei, als auf der Stelle an etwas anderes zu denken – also abzuschweifen. Diese Abschweifung wiederum geschieht aber auch nur, um dann doch wieder auf sich zu stoßen, denn die Abschweifung ist selbst ein Moment der Verwechslung, die man strenggenommen als Selbstverwechslung bezeichnen muß. Gegründeter Grund und ziselierter Zusammenhang der Selbstverwechslung aber bestehen in nichts anderem als dem Warten auf sich selbst: so als hätte man mit sich einen Termin ausgemacht, könnte sich aber nicht mehr genau an Datum und Uhrzeit erinnern, vom Ort zu schweigen, und käme einfach nicht, so daß man gezwungen wäre, vergeblich auf sich selbst zu warten; was läge näher, als sich während eines solchen übermäßigen Wartens mit jemandem zu verwechseln, der gerade zufällig vorbeikommt?

Aber, um es ganz anders zu sagen, angenommen, man hätte, im ICE-Bordtreff stehend und nach München zurückfahrend, einmal eine längere Reise von Paris nach Paris unternommen – auf der es von Ankünften wimmelte und von Aufbrüchen und auf der man Dinge verlor und Dinge fand –, dann wäre es nicht auszuschließen, daß man sich plötzlich an das Ende dieser Reise erinnerte – um sich in diesen Mustern, die man selbst anlegte, endlich wieder zurechtzufinden, so wie man sich als Kind über die von niemandem sonst wahrgenommenen Muster von Teppichen, Fliesenböden, über die gepflasterten Plätze und lichtschattenspielenden Waldböden der oberbayerischen Hallertau bewegte, wobei man Regeln folgte, wohin man treten durfte und wohin auf keinen Fall, um nicht in bodenlosen Abgründen zu verschwinden, so daß die Nachmittage und Spaziergänge zu Abenteuern im Labyrinth wurden, in dem man mitten unter den anderen ganz alleine war; und diese Labyrintherfahrung bleibt in anderer Gestalt einer vielleicht merkwürdigen Vorsicht, Bedächtigkeit heiliger Scheu manchen verdächtigen *Nichtorten* gegenüber erhalten; so wie man eine Münze, die auf einen Bahnsteig gefallen ist, nicht unbedingt wieder zurückwill – denn jeder Bahnsteig ist exterritorialer Raum, Unter- oder Überwelt, auf deren Grund folglich zu Himmel und Hölle eingeladen wird, zu einer *Rayuela* sich immer weiter von einem ins andere fortspinnender, vor- und zurückspringender *Schritte*: Tanz- und Gebärdensprünge, vom Fall der Münze dirigiert. Wohin sie fiel, wo sie liegenblieb, dorthin springt man, dorthin und dahin, auf einem Bein, und jeder Schritt, jeder Sprung ist ein Schritt, ein möglicher, vielleicht sogar sogenannter dichterischer Inspiration folgender Sprung ins Offene: vielleicht springt man zu weit, und muß in die nachtriechende Hölle zurück, um an die Münze zu kommen; oder hinauf zu einem merkwürdigen mit Sternbildern bemalten Kreidehimmel, die man nicht recht zu deuten weiß. Besser man springt hin und her, läßt und vergißt die Münze, und stolpert unschuldig reisend vor und zurück, nur so eben, nur ein bißchen raffiniert auf Bahnsteigen, auf denen Reisen beginnen und Reisen enden, so daß man sich daran erinnern könnte, wie man an der Gare d'Austerlitz, an der man Wochen zuvor – man teilte, ein junger unerfahrener Mann, mit einem unbekannten Ehepaar das Abteil, während der Fahrt eine mögliche erotische Begebenheit aus diesem Reisedreieck phantasierend – einen Nachmittagszug nach Nizza genommen hatte, in dessen Abteilen nach zwei Stunden der Geruch schmelzender Plastikbezüge hing, mit dem Nachtzug aus Madrid ankam; man machte ein paar mühsamen Schritte, bis der Ledergriff des Koffers abriß, des Koffers, der die Nacht über beständig von der Gepäckablage zu fallen drohte, so daß man kein Auge zumachen wollte, aber dann doch eingeschlafen war. Und dann, angenommen, daß überhaupt, stand man also mit dem eigentlich kleinen Koffer, den man jetzt unter dem Arm tragen mußte und dessen Inhalt sich im Laufe der Reise austauschte, erinnerte sich an sein Gewicht, als man aufbrach – und bleibt stehen, weil man diesen grifflosen Koffer unmöglich weiter schleppen kann; zwischen den Anderen, die überzeugt sind, angekommen zu sein, und den Bahnhof verlassen, steht man und überlegt, was die Ankunft bedeuten, welcher Zusammenhang sich hier schließen könnte und worauf man nun eigentlich wartet, denn der Koffer, in den man ständig Einzelteile gelegt hatte, die man, ohne auf die Schwere der Dinge zu achten, wahllos zusammenkaufte, wird nicht leichter – auf welchen Punkt war man denn gebracht, wenn nicht auf den, daß man plötzlich ahnte, wer man sein könnte, weil man wußte, daß ein anderer sich über *diesen Punkt* zumindest keine Gedanken machen würde. Man stellt fest, daß man mit sich zusammenhängt, weil man ein anderer geworden ist – und das könnte einen nervös machen, weil damit alles und zugleich so wenig Aufklärung findet, weil man damit unwahrscheinlich viel anfangen und so ausgesprochen wenig beenden kann – denn jedes Ende ist ein Anfang; und das schmerzt, da so banal, daß man es sich keinem zu sagen traut, sondern lieber für sich behält, um geheimnisvoll zu wirken mit Abgründen, in deren Dunkel Dinge und Bilder dräuen. So steht man auf Bahnhöfen in innerer Banalität, auf deren Verklingen man wartet, um endlich wieder unbeschwert an seine abschweifenden Forschungen gehen zu können, wartet und täuscht sich dann endlich in der Silhouette eines Passanten, welchen man an einer vagen Bewegung zu erkennen glaubte, die Ähnlichkeit hätte bedeuten können; nur – ähnlich womit? Das in verdrängter Zusammenhangsbanalität gedrängte Denken der westlichen Welt ergibt sich heute durch die Suche nach dem Original, nachdem alles, auf das man stößt, irgendein Zitat zu sein scheint; niemand, der einem heute die Anführungszeichen der Spekulation setzen würde, ohne nicht den Verdacht zu erhärten, Kopie, Zitat, Übersetzung, Allusion und Fälschung bildeten den eigentlichen Zusammenhang der Originale, die ansonsten ganz alleine umhertrudeln würden in den Mustern der Jahrhunderte.

Denn das – so eine Setzung – ist eine schwierige Angelegenheit, wenn man daran denkt, wie ausgesprochen gerne Menschen, die der Ironie fremd sind, dies dadurch betonen, daß sie ihre ironisch gemeinten Sätze durch ein Erheben der Hände ausweisen, deren Zeige- und Ringfinger, hervorgefahren, parallele Zuckbewegungen ausführen – in die Luft gesetzte Anführungszeichen, einem Nutzgeflügel abgeschaute Metapher deutlich gemachter und in semantische Zusammenhänge gebrachter Ironie. Und man trifft auf Menschen, deren Leben von solchen mit dem ersten und letzten Atemzug gesetzten Anführungszeichen wie Klammern eingerahmt erscheinen könnte, so daß man ihnen nichts vorwerfen kann und auch gerade diesen Umstand eben nicht, es muß ja alles ironisch gemeint sein, denn das kann man nicht ernst meinen, zumal auf dem Theater, wo überhaupt nur noch Komödien gegeben werden. In diesen Umständen, die ja von lauter Umstehenden gebildet werden, die es nicht so gemeint haben können, tut ein gewissenhaftes Stehenbleiben not; ein Bestehen auf dem Zusammenhang, und sei es dem zwischen Gehen und Stehenbleiben oder Hinsetzen. Als wäre man endlich vom Alp eines Menschen befreit, der in Neapel glaubt, eine bestimmte Straße in Paris wiederzuerkennen – sich dann aber, weil die Seitenstraße links plötzlich fehlt, das Gebäude am Ende nicht neben dem kleinen Park liegt, durch den man so einfach auf den Boulevard Haussmann zurückgehen konnte, nicht mehr zurechtfindet, zu grübeln beginnt und zu suchen und nie wieder eigentlich nach Paris zurückkehrt, sondern unablässig in diesem porös gewordenen Neapel bleibt; die Grenzen der Stadt ausweitend und ihre Umrisse mit jedem Schritt vergrößernd, die Sprachen durchschreitend, ein Reisender in Zusammenhängen, der gerade an diesen Umständen feststellt, daß es ein Problem ist, stehenzubleiben, wo es am schönsten gewesen wäre, und man immer stehenbleibt, wo es vielleicht nicht wirklich häßlich ist, aber gerade häßlich genug, um sich an die schönen Orte, wo man geheimnisvollen und möglicherweise dringenden Offenbarungen teilhaftig geworden wäre, zu erinnern, denen man jetzt nachgrübelt, und den Ort, an dem man stehengeblieben ist, zerbröselt und durchlöchert und sich von dieser unwahrscheinlichen Diffusion umspült sieht, wie damals – wenn es denn so wäre –, als man an der spanischen Atlantikküste schlau zu sein glaubte und eine geradlinige Abkürzung über den trocken liegenden Meeresboden nahm, zunächst amüsiert linker Hand Wasserströme einfließen sah, um dann interessiert rechter Hand tiefe Furchen ozeanischen Gewässers wahrzunehmen und schließlich panisch, die ausgezogenen Schuhe in der linken Hand, die offene Büchertasche in der rechten, in Betten und Senken brodelnder Wirbel durch die Mitte fliehend, ein Buch zu verlieren, an das man immer wieder denken wird – vielleicht deshalb, weil es in den Kanarenstrom gefallen, vielleicht in den Nord-Äquatorialstrom getrieben, unlesbar zerweicht und verloren ist. Kann sein, weil man das Buch während des längeren – zwischen den beiden spekulativen Anführungszeichen der Gare d'Austerlitz liegenden – Pariser Aufenthalts in einem deutschen Antiquariat in der Rue des Ecoles entdeckte, wie es mit jener, dezennialem Erdulden wachsender Schmutzränder, Risse im Umschlag und verborgener Knicke geschuldeter gleichgültiger Erscheinung melancholischer, sich im handschriftlichen Exlibris eines Verschollenen vollendender Herrenlosigkeit im Schaufenster lag. Während man die Rue des Ecoles in Richtung zum Fluß hinunterging, das mit leidender Größe geduldig und ungelesen abwartende Buch des verstorbenen Meisters eingepackt unter dem Arm, mußte man plötzlich stehenbleiben, weil man die Bewegungen der Dinge spürte, die Ströme von Materie, die tröpfelnd in Koffern und Umzugswagen und Kisten, in Handtaschen und Rucksäcken seit unzähligen Jahren in diese Stadt flossen, zärtlich oder ärgerlich mitgenommen und mitgeschleift von fliehenden umhertreibenden Menschen, um ihr Leben, das, von anderen sorgfältig und präzise kaputtgeschlagen, in Trümmern lag, von einem zu einem anderen Ort mit sich zu nehmen, in der Hoffnung, es wieder zusammenzusetzen. Man bleibt stehen und spürt für einen Augenblick die Schwere des Papiers, das man gebunden mit sich fortträgt, und kommt auf den Gedanken, eine Reise zu unternehmen, um all dem, was sich im Augenblick des Stehenbleibens bewegte, irgendwie einen Rahmen zu geben: denn wenn man, ganz gleich wo, gelegentlich stehenbleibt, öffnet man Schleusen, alles zerfließt und weicht auf, Räume durchdringen sich, und alles ist voller Echos und Echos von Echos. Das ganze Leben könnte für eben diesen Augenblick wie ein Zusammenhang zwischen solchen Punkten des Stehenbleibens erscheinen, ein Gleissystem ohne Gleise, nur mit Weichen, von denen man nur spekulieren kann, wie sie gerade gestellt sind und wohin sie die Reise gehen lassen, so daß manche, die lieber so einen rechten Fahrplan mit Richte und

Weise hätten und deshalb mit geschlossenen Augen in den Abteilen sitzen, behaupten, sie führte in das Dunkelbraunschwarze des Untergangs, wo sie sich wenigstens zurechtfinden und die Augen wieder aufmachen könnten.

Und – angenommen, daß überhaupt – man würde sich mittlerweile Würzburg nähern, wo bekanntlich viele aussteigen, die ihren Platz reserviert hatten, würde beschließen, doch noch nach einem freigewordenen zu suchen und, sähe sich bei dieser Suche, mit dem Buch, dem Hut, dem Mantel – von inner-außerweltlichen Schwestern kommend –, an einem dieser in ICE-Zügen so häufigen länglichen Spiegel vorbeigehen: woran dächte man bei dem, den man da sieht? Wahrscheinlich dächte man an einen inzwischen in Berlin lebenden guten Freund aus Bayern, den man gerade, wie schon die ganze Zeit während der Rückfahrt, verläßt, den man vielleicht längere Zeit nicht wiedersehen wird und der einem einmal in München, wohin man zurückfährt, gestand, daß er sich unter der Figur eines bestimmten, Dir als einzigen noch nicht bekannten, Romans des geliebten russischen Autors immer einen Menschen ähnlich dir selbst vorgestellt habe – lange bevor du ihn kennengelernt hast, kannte er schon dich, denn eine solche nachträgliche Erinnerung saugt die zufälligen Umstände auf, um sie in die richtige Reihenfolge zu bringen und den eigentlichen Zusammenhang wiederherzustellen; und während du weitergehst, um einen Platz zu finden, wird dir plötzlich klar, daß er dich schon lange Zeit immer wieder aus einer russischen Buchhandlung der zwanziger Jahre in der Passauer Straße in Berlin treten sah, deren nervöser Betreiber dich stets mißtrauisch, von seiner billigen Rätselzeitschrift aufsehend, mit seinem blassen, gesprenkelten Gesicht beobachtet hatte, wie du, ein braun umgeschlagenes Paket unter dem Arm, deinen neuen, sehr modischen und passenden Hut zurechtrückst, den du dir trotz der unverhältnismäßigen Ausgabe gekauft hast, wobei du, kurz stehenbleibend, deinen Kopf senkst und dein Blick auf die weggeworfene Ausgabe einer russischen Zeitung des gestrigen Tages fällt, auf der du eine Photographie zu erkennen glaubst, die Ähnlichkeit mit einem alten Bekannten hat; du bleibst endgültig stehen, um die Photographie genauer zu studieren, das Paket mit den Exemplaren der Zeitschrift an dich drückend, in der dein erster kleiner, zumindest ausgesprochen eigenartiger Essay erschienen ist, den dir der freundliche Redakteur – dessen Augen durch alles Anwesende hindurch auf eine versunkene Vergangenheit blickten – gleichgültig aus der Hand nahm, die Zeilen überflog, die du in schlechtbeheizten Nächten glühend mit Bleistift hingeworfen hattest (nachdem du den

Füller, den dir dein Vater eines fernen Neujahrstages geschenkt hatte, auf irgendeinem Caféhaustisch liegengelassen hast), um dir zwei Monate später lakonisch einen Brief zukommen zu lassen, zusammen mit einer handgeschriebenen Anweisung an den Buchhändler, dir das übliche Paket von fünf Belegexemplaren auszuhändigen ... Er ist es nicht, du erkennst einen Fremden auf der Photographie, und diese Täuschung könnte dich mit jener Mischung von Erleichterung und Unbehagen über die eigene Leichtgläubigkeit die Straße hinuntergehen lassen, an deren Ende der fragmentierte blaue Schatten eines großen *U* wie ein Doppelpunkt auf dem Asphalt liegen und dich erwarten könnte:

Inhalt